관용에 관한 편지

EPISTOLA DE TOLERANTIA

책세상문고·고전의 세계

관용에 관한 편지
JOHN LOCKE, EPISTOLA DE TOLERANTIA

존 로크 지음

·

공진성 옮김

책세상

일러두기

1. 이 책은 존 로크John Locke의 《관용에 관한 편지*Epistola de Tolerantia*》를 라틴어에서 한국어로 온전히 옮긴 것이다. 클리반스키Raymond Klibansky 교수가 편집한 John Locke, *Epistola de Tolerantia*(London: Oxford Univ. Press, 1968)를 저본으로 삼았고, 이 라틴어 편집본에 대역본으로 함께 실린 고프J. W. Gough의 새로운 영역 *A Letter on Toleration*과 포플William Popple의 영역 *A Letter concerning Toleration*(London, 1689)을 참고했다.
2. 주는 모두 옮긴이주이다.
3. ( ) 안의 말과 장·절의 구분은 독자의 이해를 돕기 위해 옮긴이가 추가한 것이다.
4. 주요 인명과 책명은 처음 한 번에 한해 원어를 병기했다.
5. 본문이나 주에서 성서의 구절을 인용할 때에는 표준새번역 《성경전서》(대한성서공회, 1993)의 번역을 따랐다.
6. 맞춤법과 외래어 표기는 1989년 3월 1일부터 시행된 〈한글 맞춤법 규정〉과 《문교부 편수 자료》, 《표준국어대사전》(국립국어연구원, 1999)을 따랐다.

관용에 관한 편지 | 차례

　로크John Locke의 《관용에 관한 편지*Epistola de Tolerantia*》(이
하《편지》)는 1689년에 '관용의 나라' 네덜란드에서 처음 출
간되었고, 몇 개월 후에 포플William Popple에 의해 영어로 번
역되어 잉글랜드에 소개되었다. 그리고 삼백여 년이 지난 지
금 한국어로 처음 번역되어 출간된다.

　포플은《편지》의 영역본에 붙인 서문에서 정부와 종교인
들의 종교적 편협함과 정신적 편협함을 질타하고 종교 문제
에 대한 전적인 자유를 허용할 것을 호소한다. 그의 호소가
우리에게는 그리 절실하게 느껴지지 않는다. 그것은 어쩌면
우리 사회가 그러한 편협함을 가지고 있지 않기 때문이거나,
우리 자신이 직접 그 편협한 생각에 사로잡혀 있기 때문일
것이다. 우리들 대부분은, 그리스도교 신자이거나 비신자이
거나 간에, 성부, 성자, 성령이라는 이른바 신의 '삼위三位'를
크게 의심하지 않고 받아들인다. 그러나 이러한 현실은 포플
과 같은 삼위일체 교리를 부정하는 사람들을 억압한 결과이

지, 그 교리가 진실로 증명되었기 때문은 아니다. 포플은 이와 같은 억압적 현실을 타개하는 데 로크의 《편지》가 유용한 무기로 사용될 것이라고 기대했다. 그리고 《편지》는 이러한 그의 기대를 즉각 충족시켜주지는 못했지만, 역사적 과정에서 나름대로 잉글랜드를 비롯한 서구 사회의 종교적 편협함과 정신적 편협함을 깨는 데 기여했다.

로크의 《편지》는 삼백 년이라는 시간적 차이와, 유럽과 한국이라는 공간적 차이를 넘어서 우리에게 무엇인가를 이야기하고 있다. 그러나 그 이야기는 여태껏 한국에서 그리 많은 독자를 얻지 못했다. 한국어로 번역되지 못한 데에도 원인이 있겠지만, 무엇보다도 《편지》가 우리에게 들려주는 이야기가 정확히 어떤 독자를 대상으로 하고 있는지 불분명했기 때문이다. 철학자들은 그의 《인간지성론*An Essay Concerning Human Understanding*》에 관심을 가졌고, 정치학자들은 그의 《통치론*Two Treatises of Government*》에 관심을 가졌다. 세속적인 사람이 보기에 《편지》는 너무 종교적이었고, 종교적인 사람이 보기에 《편지》는 너무 세속적이었다. 스피노자Benedictus de Spinoza의 《신학-정치론*Tractatus Theologico-Politicus*》이 한국에서 신학자들과 철학자들, 정치학자들 모두에게서 그리 주목을 받지 못한 것과 같은 이유에서였다.

로크의 《편지》, 《그리스도교의 합리성*The Reasonableness of Christianity*》, 스피노자의 《신학-정치론》, 홉스Thomas Hobbes

의 《리바이어던Leviathan》 3부와 4부 등은 너무도 깔끔하게 철학적인 것과 신학적인 것, 세속적인 것과 종교적인 것이 구분되어 있는 (것처럼 보이는) 한국 사회의 무관심 속에서 오랫동안 번역되지도, 활발히 연구되지도 못했다. 너무 그리스도교적인, 그래서 지나치게 서구적으로 느껴진 그들의 글은 우선적으로 한국 사회에 번역되거나 소개되기에 그리 보편적인 메시지를 담고 있지 않은 것처럼 여겨졌다. 그래서 그들의 글은 그들처럼 정치와 종교, 철학과 신학 사이에서 학문적·실존적으로 고민하는 사람들에 의해서만, 그리스도교라는 특수한 종교적 정체성을 가지고 있으면서 동시에 철학이나 정치학, 역사학과 같은 세속 학문을 공부하는 사람들에 의해서만 간헐적으로 연구되어왔다.

로크의 《편지》는 교회와 국가의 관계에 대해, 그리고 종교의 자유에 대해 이야기하고 있다. 종교가 다르다고 해서 억압하지 말고, 종파가 다르다고 해서 무작정 이단으로 몰지 말고, 본질적이지 않은 것을 두고서 괜히 사람 목숨을 빼앗지 말라고 주장한다. 그 이야기의 배경이 비록 우리에게는 다소 낯선 17세기의 유럽이지만, 그렇다고 해서 그 이야기가 우리에게 전적으로 낯선 것은 아니다. 우리에게도 불교에 대한 억압의 역사가 있었고, 천주교에 대한 박해의 역사가 있었기 때문이다. 그리고 오늘날에는 한때 박해받았던 그리스도교가 다수의 종교가 되어 오히려 토속 종교를 미신이라고 억압하는 일도 있지 않은가. 또한 특정 교단과 연결되어 있는 대학에서는 그 교단이 교리적으로 인정하지 않는 것을 학생들에게 가르친다는 이유로 교수를 해직하기도 한다. 정치적 행동을 선동하는 종교 단체가 있는가 하면, 공공의 재산인 도시를 특정 종교의 신에게 바치겠다는 정치인도 있다.

로크는 종교의 자유가 국가에 의해 엄격하게 통제되어야 한다고 주장하지도 않지만, 그것을 국가의 간섭 없이 모든 사람에게 전적으로 허용해야 한다고 주장하지도 않는다. 로크는 무엇보다도, 당시로서는 모든 종교인이, 그리고 세속화한 오늘의 상황에서는 종교인과 비종교인이, 함께 평화롭게 살 수 있는 공존의 정치적 형식을 중요하게 여긴다. 그 공존의 틀을 파괴해가면서까지 종교의 자유를 허락하지도 않고, 그 틀을 개인의 자유를 억압하는 기구로 만들지도 않는다. 이 일을 위해 중요한 것이 영역의 구분이다. 이 영역은 공간적으로, 시각적으로, 개념적으로 깔끔하게 선을 긋듯이 구분되지 않는다. 교회와 국가, 종교와 정치라는 영역의 구분은 그 두 영역 모두에 걸쳐 살고 있는 사람들의 삶 속에서 각각이 가지는 의미를 이해하는 일이고, 미묘한 의미의 차이를 해석해내는 일이다. 그렇기 때문에 그 작업은 일회적이지도 않다. 평화적인 공존을 위해서는 시간과 공간을 달리하여 우리가 살고 있는 삶의 영역을 미세하게 구분하는 해석의 작업이 필요하다. 로크는 우리에게 그 해석 작업의 모범을 보여주고 있다.

　할 수 있는 대로 독자들이 이해하기 쉽게 옮기려고 노력했지만, 라틴어와 한국어의 언어적 차이, 17세기와 21세기의 시대적 차이, 17세기 서유럽의 그리스도인과 21세기 한국의 비그리스도인의 경험적 차이를 좁히기에는 많이 부족한 것 같다. 부디 관련된 서양 고전의 번역과 연구가 이어져서 그 차이가 좁혀지기를 기대해본다.

옮긴이 공진성

독자에게1

이어지는 《관용에 관한 편지》는 올해〔1689년〕 네덜란드에서 라틴어로 처음 출판되었으며 이미 네덜란드어와 프랑스어로 번역되었습니다.2 〔이 《편지》에 대한〕 이처럼 폭넓고 신속한 동의는 어쩌면 영국에서도 이 《편지》가 우호적으로 수용될 것을 말해주는지도 모릅니다. 이제껏 우리나라에서 보다 더 많은 주제들이 논의된 나라는 하늘 아래 또 없다고 저는 생각합니다. 그러나 우리보다 아직 무엇인가가 더 논의되어야 하고 실행되어야 할 필요가 있는 상태에 있는 인민도 또한 분명히 없습니다.

종교적인 사안에 관해 우리의 정부만 편파적이었던 것은 아닙니다. 이러한 정부의 편파성 아래 고통받는, 그래서 자신의 권리와 자유를 주장하기 위해 글로써 노력하는, 그러나 대부분의 경우 그러한 일을 단지 자신의 종파적 이해관계에만 적합한 편협한 원칙 위에서 수행한 사람들 역시 종교적인 사안에 관해 편파적이었습니다.

모든 면에서 나타난 이러한 정신의 편협함은 의심할 바 없이 우리의 불행과 혼란의 주된 이유였습니다. 그러나 그 이유가 무엇이든지 간에 이제는 철저한 치유책을 찾아야 할 때입니다. 사회적 혼란 속에서 우리가 지금껏 사용했던 것보다 더 관대한 치유책이 필요합니다. 그것을 할 수 있는 것은 지금껏 우리들이 계획하고 실행했던 신교信敎자유선언the declaration of indulgence도, 〔영국 국교회의〕 포용정책acts of comprehension도 아닙니다.[3] 전자는 문제를 단지 완화할 뿐이고, 후자는 우리의 악을 증대시킬 것입니다.

절대적 자유, 공정하고 진정한 자유, 공평하고 불편부당한 자유가 진정 우리가 필요로 하는 것입니다. 비록 이것〔관용〕이 실제로 많이 논의되었지만, 그만큼 충분히 이해되었는지는 의심스럽습니다. 저는 이것이 우리의 정부에 의해 인민 일반을 대상으로 또는 서로 다른 생각을 가지고 있는 인민의 당파들에 의해 서로 다른 당파를 대상으로 베풀어졌다고 전혀 확신하지 않습니다.

그러므로 저는 이 주제를 다루는, 비록 〔분량은〕 짧지만, 지금까지 우리가 보아온 어떤 것보다도 더 정확하며 형평성과 실행 가능성을 보여주는 이 논의가 일개 당파의 이익보다 공공the public의 이익을 앞세우기에 충분히 넉넉한 영혼을 가진 모든 사람에게 매우 시의적절한 것으로 여겨지게 되기를 희망하지 않을 수 없습니다.

　제가 이 《편지》를 우리 언어〔영어〕로 옮긴 것은 이미 충분히 계몽된 사람들뿐만 아니라, 그렇지 못한 사람들에게도 〔계몽된〕 정신을 불어넣기 위해서입니다. 그러나 《편지》 자체는 그보다 더 긴 서문을 견디지 못할 정도로 짧습니다. 그러므로 저는 이 《편지》를 저의 동료 시민들의 판단에 맡기며 그들이 이 《편지》를 그것이 고안된 바대로 충분히 활용하기를 간절히 바랍니다.

관용에 관한 편지

저명하신 항명파 신학교수이며 폭정을 미워하는

암스테르담인 림부르기우스에게

평화의 친구이며 박해를 미워하는

잉글랜드인 요아네스 로키우스가 쓰다4

1. 도입

존경하는 귀하,

그리스도인 사이의 상호관용에 대한 제 견해를 물으신 당신의 질문에 저는 관용이야말로 참된 교회를 구별하는 가장 분명한 기준이라고 짧게 대답하겠습니다. 어떤 이들은 〔자신들이 예배하는〕 장소와 〔그곳의〕 이름이 유서 깊으며, 〔자신들이 채택하고 있는〕 의례가 화려하다고 자랑합니다. 또 다른 이들은 자신들이 개혁한 교리를 자랑합니다. 〔구교와 신교〕 양자 모두가 (각자에게는 자신의 신앙이 정통일 것이므로) 정통 신앙을 제아무리 크게 자랑하더라도, 〔양자가 내세우는〕 이러저러한 주장들은 그리스도가 세운 교회의 표지가 아니라, 〔다만〕 인간이 권력과 지배를 둘러싸고 경쟁함을 보여주는 것일 수 있습니다. 〔유서 깊은 장소와 이름, 화려한 의례, 개혁된 교리〕 이 모든 것을 누군가 소유하고 있어도,

만약 자비와 온순과 호의를 세상 모든 사람에게는커녕 같은 그리스도교 신앙을 고백하는 사람에게조차 결여하고 있다면, 그 사람은 아직 그리스도인이 아닙니다. "민족들을 지배하는 왕들은 백성들 위에 군림한다. (중략) 그러나 너희는 그래서는 안 된다"라고 우리의 구세주는 제자들에게 말씀하십니다(《누가복음》 22장 25~26절). 참된 종교의 소관 사항은 (그것과는) 전혀 다른 것입니다. 참된 종교는 외적인 화려함이나 교회의 지배를 위해 세워진 것이 아니며, 무력의 사용을 위해 세워진 것은 더욱 아닙니다. 참된 교회는 삶을 올바르게 하고 경건하게 하기 위해 세워진 것입니다. 그리스도의 교회에서 싸우기를 원하는 사람은 다른 무엇보다 먼저 자기 자신의 악덕, 곧 자기의 자만과 욕망에 대해 전쟁을 선포해야 합니다. 그렇지 않고 생활의 거룩함, 품행의 정결함, 정신의 너그러움과 온순함이 없다면, 그리스도인이라는 이름을 자기에게 헛되이 구하는 것입니다. "네가 돌아올 때에는, 네 형제를 굳세게 하여라"라고 우리 주님은 베드로에게 말씀하셨습니다(《누가복음》 22장 32절).[5] 자신의 구원에 소홀한 사람이 타인의 구원에 대해 이상하게도 걱정하는 일은 어느 누구도 납득하지 못할 것입니다. 그리스도의 가르침을 실제로 자신의 정신으로 온전히 받아들이고 있지 않은 사람은 결코 다른 사람이 그리스도인이 되도록 진실하게 노력할 수 없기 때문입니다. 만약 복음을 신뢰할 수 있고 사도들을 신뢰할 수 있다면, 자비 없이는, 강제력이 아니라 사랑을 통해 작동하는6 믿음이 없이는 어느 누구도 그리스도인이 될 수 없음을 〔인정할 수 있을 것입니다〕. 종교를 핑계 삼아 다른 사람을 박해하고, 〔고문하여 사지를〕 절단하고, 〔재산을〕 약탈하고, 죽이는 자들에게, 그들이 정말 그 일을 우호적이고 자비로운 마음에서 행하는지 저는 그들의 양심에 대고 묻습니다. 그리고 저는 그때에야 비로소 믿을 것입니다. 그 열성분자들이 명백하게 복음의 가르침을 어기고 죄를 범한 자신의 친구들과 친척들을 동일한 방식으로 교정하는 것을 볼 때, 온갖 악덕의 유혹에 둘러싸여서 더 나은 모습으로 변화할 가능성 없이 확실히 멸망하게 될 자신의 추종자들을 검과 불로써 공격하는 것을 볼 때, 그리고 자신의 사랑과 영혼의 구원에 대한 열망을 온갖 종류의 잔혹한 고문을 통해 증명하는 것을 볼 때, 그때에야 비로소 저는 〔그들의 말을〕 믿을 것입니다. 만약 그들이 스스로 주장하는 것처럼 진정 타인을 신자가 되도록 하기 위해, 구원받은 자가 되도록 하기 위해 타인의 영혼에 대한 사랑과 열정으로 그들의 재산을 빼앗고 신체를 절단하고 더러운 감옥에 가두어 괴롭히고 마침내 목숨마저 앗아간다면, 왜 오입, 사기, 간계와 그 밖의 사악한 행위들이, 그것들이야말로 〈로마서〉 1장에서의 바울 사도의 증거에 따르면 분명히 이교도들이나 하는 짓인데, 자기의 친구들과 가족들, 추종자들 사이에서 처벌받지 않은 채 돌아다니는 것을 허락합니까? 교회의 결정에는 어긋나지만 양심에서 비롯된 개인의 잘못된 신념이나 삶의 순결함은 유지하면서도 단지 외적인 예배 형식에만 문제가 있는 사람보다 그와 같은 〔타락한〕 행동들과 방식들이 하나님의 영광과 교회의 순결함, 그리고 영혼의 구원에 더 해롭지 않습니까? 저는 묻고 싶습니다. 하나님을 향한, 교회를 향한, 영혼의 구원을 향한 열심을, 심지어 사람을 화형에 처할 정도로 뜨겁게 불타오르는 열심을 지닌 사람이 도대체 왜 그리스도교가 고백하는 신앙에 정면으로 위배됨을 만인이 인정하는 파렴치한 행위들과 도덕적 결함들은 징계도 책망도 하지 않고 지나치면서, 평범한 사람들의 이해력을 넘어서는 일들에 관한 정교한 의견의 교정이나 의례의 도입에만 매달리고 자신의 온 신경을 그 일에 씁니까? 이러한 일들을 둘러싸고 분쟁하는 자들 중에서 어느 쪽이 더 건강한지, 어느 쪽이 분파주의자이고 이단자인지, 과연 억압하는 쪽인지 억압받는 쪽인지는 분열의 원인이 판단될 때에 마침내 명확해질 것입니다. 그리스도를 따르고 그의 가르침을 사랑하며 〔그가 주는〕 멍에를 지는 사람은 심지어 아버지와 어머니를 떠나고, 조국의 의례를 버리고, 공적인 의회에 참여하지 않고, 마침내 그 누구와 그 무엇을 포기하더라도 결코 이단자가 아닙니다.[7]

종파의 분열이 영혼의 구원을 방해하는 일임은 분명합니다. 그러나 '간통, 방탕, 불결, 음란, 우상숭배, 그리고 그와 유사한 것들'도 결코 적지 않게 육신의 일입니다. 바울 사도는 그러한 일들에 대해 다음과 같이 분명히 선언합니다. "이런 일을 하는 사람들은 하나님의 나라를 유업으로 받지 못할 것입니다"(《갈라디아서》 5장 21절). 그러므로 하나님의 나라를 진지하게 갈망하는 사람이 그 나라의 경계를 확장하기 위해 자신이 힘써 해야 할 일이 무엇인지를 진지하게 고민한다면, 〔그러한 타락의 문제를 해결하는 것이 그에게〕 분파의 완전한 근절보다 결코 적지 않은 근심과 열심〔의 대상〕이 될 것입니다. 만약 어떤 사람이 〔앞에서 제시한 것과〕 다르게 행동한다면, 그래서 그가 자신과 다르게 생각하는 자들에게는 잔인하고 무자비하게 대하면서 그리스도인의 이름에 적합하지 않은 죄와 악덕에 대해서는 관대하다면, 그가 제아무리 교회의 이름을 크게 외치더라도 그는 자신이 하나님의 나라가 아닌 다른 것을 추구한다고 공개적으로 표명하는 셈입니다.

영혼의 구원을 열정적으로 바라는 사람이 아직 개종하지도 않은 영혼을 고문해 죽이려고 한다면 저는 분명히 놀랄 것입니다. 아마 다른 사람들도 저와 마찬가지로 놀랄 것입니다. 그리고 분명히 어느 누구도, 어느 경우에도 이것이 사랑과 선의와 자비에서 비롯할 수 있다고 믿지는 않을 것입니다. 만약 누가 사람들이 불과 검으로써 특정 교리를 받아들이도록 강제되어야 하며 무력으로써 외적인 예배 형식을 취하도록 강요되어야 한다고 생각하면서도 그 사람들의 도덕심에 대해서는 어떠한 질문도 하지 않는다면, 만약 누가 이 설異說의 신봉자들을 그들이 믿지 않는 것을 〔믿는다고〕 고백하도록 강요함으로써 〔올바른〕 믿음으로 개종시키려 하면서도 복음이 그리스도인에게 허락하지 않을 것들, 믿는 자들이 자기 자신에게 허락하지 않을 것들〔부도덕한 행위들〕을 그들이 행하는 것은 허용한다면, 저는 그가 〔도덕적으로 깨끗한 사람들의 연합이 아니라, 단지〕 자신과 같은 신앙 고백을 하는 사람들의 연합만을 원한다는 것을 의심하지 않습니다. 그가 그리스도의 교회를 원한다는 것을 과연 누가 믿을 수 있겠습니까? 그러므로 그 어떤 이유를 가져다 대든지 간에, 실제로 참된 종교와 그리스도교회를 위해 전쟁을 하지 않는 사람들이 그리스도교의 군대에 적합하지 않은 무기를 사용하는 것은 전혀 놀랄 일이 아닙니다. 만약 그들이 우리의 구원의 대장처럼 진지하게 영혼의 구원을 원한다면, 그 대장의 발자취를 좇을 것이고 그 평화의 왕의 최적의 모범을 따를 것입니다. 그 왕은 자신의 친위대를 이민족에게 보냅니다. 그러나 무기와 검과 무력으로 무장한 친위대가 아니라, 복음과 평화의 말씀으로 무장한, 도덕적 정결함과 모범으로 무장한 친위대를 보내 이민족을 정복해 교회로 모으라고 합니다. 만약 불신자가 무력과 무기를 통해 변화할 수 있으며, 심각하게 눈멀고 완고한 자들이 무장한 군대를 통해 오류에서 벗어날 수 있다고 할지라도, [그러한 일에는] 그 어떤 교회의 수호자보다도, 그가 아무리 강하고 또 여러 보병대를 가지고 있을지라도, 천상의 군단으로 이루어진 부대가 더 적합할 것입니다.[8]

　종교적인 사안에 대해 서로 다르게 생각하는 사람들을 관용하는 것은 복음과 이성에 일치하는 것이어서, 사람들이 그토록 분명한 빛 속에서도 잘 보지 못하는 것이 오히려 제게는 기괴한 일처럼 보입니다. 여기에서 저는 다른 사람들의 자만과 야심을, 자비와 온화함에서 벗어난 무절제와 열정을 비난하고 싶지 않습니다. 이것들은 어쩌면 인간사에서 결코 제거될 수 없는 오류들일 테지만, 어느 누구도 자신이 남 앞에서 그 오류를 범하는 것을 원하지는 않습니다. [그래서] 그 오류들로 인해 잘못을 행하게 된 사람이 다른 점잖은 겉모습으로 자신의 잘못을 은폐하고 칭찬을 구하지 않는 경우가 거의 없습니다. 그러나 결코 그들에 대한 박해와 그리스도인답지 못한 잔혹함을 공화국에 대한 걱정과 법의 준수로 미화해서는 안 됩니다. 또한 종교를 구실로 자신의 도덕적 방종과 범죄에 대해 면책되기를 바라서도 안 됩니다. 한마디로 말해, 어느 누구도, 왕의 신실한 신하이거나 하나님의 정직한 숭배자이거나 간에, 자신이나 다른 사람을 속여서는 안 됩니다. 무엇보다도 국가civitas에 관한 것과 종교에 관한 것이 구분되어야 하고, 교회와 공화국res publica 사이의 경계가 제대로 정해져야 한다고 저는 생각합니다.[9] 만약 이러한 작업이 이루어지지 않으면, 영혼의 구원salus을 걱정하고 공화국의 안녕salus을 걱정하는, 혹은 마치 그런 것처럼 가장하는 사람들 사이에서 벌어지는 어떠한 분쟁에도 한계가 정해질 수 없기 때문입니다.

2. 공화국과 교회

(1) 공화국

제가 보기에 공화국은 오로지 세속적 재산bona civilia을 지키고 증식하기 위해 세워진 사람들의 사회societas hominum입니다.[10]

생명, 자유, 신체적 건강, 무병, 그리고 토지, 돈, 가구 등과 같은 외적인 것들의 소유를 저는 세속적 재산이라고 부릅니다.[11]

이 세상에 속하는 이러한 것들의 정당한 소유를 모두에게 공평하게 제정된 법률을 통해 보편적으로는 모든 인민에게, 그리고 특수하게는 개개의 신민에게 보장해주는 것이 세속 통치자magistratus civilis의 의무입니다.[12] 만약 누군가 [공화국의] 법과 신의 명령에 어긋나게 [정당한 소유에 관한 규정을] 위반하려 한다면, 그의 대담무쌍함은 처벌에 대한 두려움으로 억제되어야 합니다. 그 처벌은 그가 그런 행동을 하지 않았더라면 누릴 수 있었을 뿐 아니라 또한 누려야 마땅한 이익의 박탈이나 감소로 이루어집니다. 실제로 어느 누구도, 자유나 목숨은 말할 것도 없고, 자신의 이익의 일부분조차 자발적으로 박탈당하지는 않으므로, 통치자는 남의 권리를 침해하는 자들에게 처벌을 가하기 위해 무력, 곧 자신의 모든 신민의 신체적 힘으로 무장하고 있어야 합니다.[13]

통치자의 모든 사법권은 오로지 이 세속적 이익에만 미치고, 세속 권력의 모든 권리와 지배는 오로지 이 세속적 재산의 보호와 증진에만 국한되며, 영혼의 구원에까지는 어떠한 방식으로도 확장되어서도 안 되고 확장될 수도 없음을 이하의 내용이 증명하고 있습니다.

첫째, 영혼을 돌보는 일이 다른 사람에게도 위임되어 있지 않지만, 세속 통치자에게는 더더욱 위임되어 있지 않기 때문입니다. 그러한 권한authoritas이 하나님으로부터 위임된 것도 아닙니다. 왜냐하면 다른 사람에게 자기의 종교를 받아들이도록 강요할 권한을 하나님께서 그 어떤 사람에게 부여하신 것처럼 보이지 않기 때문입니다. 사람이 통치자에게 그러한 종류의 권력potestas을 부여할 수도 없습니다. 어느 누구도 다른 사람이 규정한 것을, 그 사람이 군주이거나 신민이거나 간에, 자신의 예배나 신앙으로 반드시 받아들일 정도로 자기의 영원한 구원에 대한 염려를 포기할 수 없기 때문입니다.

어느 누구도, 설령 자신이 원하더라도, 타인의 지시에 따라 믿을 수는 없기 때문입니다. 참된 종교, 구원을 가져오는 종교의 힘과 능력은 믿음 속에 있습니다. 당신이 입으로 그 무엇을 고백하더라도, 외적인 예배에서 당신이 그 무엇을 실행하더라도, 만약 그것이 참이고 또한 하나님을 기쁘게 한다는 것을 당신이 온 마음으로 동의하지 않는다면 그것은 어떠한 방식으로도 당신의 구원에 도움이 되지 않고 오히려 해롭습니다. 당신 자신도 하나님을 기쁘게 하지 않는다고 믿는 것을 전능하신 하나님께 바침으로서, 종교를 통해 속죄해야 할 다른 죄들의 숫자에 종교 자체를 위장한 죄와 신성을 모독한 죄를 더하게 되기 때문입니다.

둘째, 영혼을 돌보는 일cura animarum은 세속 통치자에게 속할 수 없는데, 왜냐하면 그의 모든 권력이 강제에 기초해 있기 때문입니다. 그 반면에 참된 종교, 구원하는 종교는 영혼의 내적 확신에 기초해 있으며 그러한 확신 없이는 어느 것도 하나님께 받아들여지지 않습니다. 어떠한 외적인 힘vis으로도 강제될 수 없는 것이 인간 지성intellectus의 본성입니다. 만약 재산의 몰수, 수감 및 고문을 통한 신체적 억압 등의 처벌로써 사물에 대한 정신의 판단을 변형하려고 한다면, 당신은 헛수고를 하는 것입니다.

당신은 통치자가 논증argumentus을 사용할 수 있으며 그것으로 이단자들을 진리로 이끌고 그들을 구원받은 자로 만들

수 있다고 말할 것입니다. 저도 그럴 수 있다고 생각합니다. 그러나 그것은 통치자에게나 [통치자가 아닌] 다른 사람들에게나 공통적인 것입니다. 통치자가 가르치고 지도하며 논증으로써 오류를 수정한다면, 그는 분명히 선한 사람이 [사인私人으로서] 마땅히 해야 할 일을 하는 것입니다. 통치자가 반드시 [사적인] 인간의 면모나 그리스도인의 면모를 벗어버려야 하는 것은 아닙니다.[14] 그러나 설득하는 것과 명령하는 것은 다른 것입니다. 논증으로써 재촉하는 것과 칙령으로써 재촉하는 것은 다른 것입니다. 후자는 세속 권력에 속한 것이고, 전자는 인간의 선의에 속한 것입니다. 훈계하는 것, 권고하는 것, 오류를 밝히는 것, 논증을 통해 [상대방을] 자기의 판단으로 이끄는 것은 필사의 존재[인간]들 누구에게나 온전히 속해 있는 것입니다. 그러나 칙령으로써 명령하는 것, 검으로써 강제하는 것은 통치자의 고유한 권한입니다. 그러므로 제가 말하고자 하는 것은 바로 이것입니다. 곧 세속 권력이 신앙의 조항들이나 교리들, 또는 하나님을 섬기는 방식들을 세속법lex civile으로 규정해서는 안 된다는 것입니다. 만약 어떠한 처벌도 부과되지 않는다면, 법의 강제적 힘은 사라집니다. 만약 처벌이 시도된다면, 그 처벌은 분명히 쓸모없을 것이며 [정신의] 설득에 지극히 적합하지 않을 것입니다. 만약 누가 자기 영혼의 구원을 위해 그 어떤 교리나 예배 형식을 받아들이기를 원한다면, 그는 그 교리가 참되다는 것과 그 예배가 하나님을 기쁘게 하고 하나님께 받아들여질 것임을 진심으로 믿어야 합니다. 그러나 각종 처벌은 영혼을 결코 설득할 수 없습니다. 영혼의 판단이 변하기 위해서는 빛lux이 필요하며, 어떠한 방식으로도 신체에 대한 형벌이 그 빛을 빌려줄 수 없습니다.

셋째, 영혼의 구원을 돌보는 일은 어떠한 방식으로도 세속 통치자에게 속할 수 없습니다. 법률의 권위와 처벌의 강제력이 인간의 생각mens을 바꾸는 일에는 효과적이더라도, 영혼 animus의 구원에는 전혀 유용하지 않습니다.[15] 참된 종교는 하나이며 천국으로 이끄는 길도 하나인데, 만약 각자가 자기의 이성과 양심의 명령은 제쳐두고 어두운 정신으로 자신의 군주가 믿는 교리를 수용해야 한다면, 그리고 조국의 법률이 정한 대로 하나님을 섬겨야 한다면, 이러한 조건이 필사의 존재들에게 주어져 있다면, 더 많은 수의 사람들이 천국에 이르게 될 것이라는 희망이 도대체 어디에 있습니까? 종교에 대해 군주들이 갖고 있는 이토록 다양한 의견들 사이에서 천국으로 이어지는 좁은 길과 빠듯한 문은 필연적으로 소수에게만 열려 있게 될 것이며[16], 그것은 또한 오로지 한 지역에서만 가능할 것입니다. 그러나 그것은 지극히 불합리한 일이며, 하나님께 매우 적합하지 못한 일입니다. 왜냐하면 영원한 행복이나 멸망이 오로지 태어난 장소에 달린 일이 되기 때문입니다.

이러한 고찰이 제게는, 물론 이러한 결론에 도달하는 더 많은 방식이 있을 수 있겠지만, 공화국의 모든 권력이 세속적 재산에만 관련되며, 그러한 세속적 사안들을 돌보는 일에만 국한되고, 우리가 장차 올 것이라고 기대하는 삶과는 어떻게도 닿아 있지 않다고 결론짓기에 충분해 보입니다.

(2) 교회

이제 우리는 교회ecclesia가 무엇인지를 살펴볼 것입니다. 제가 보기에 교회는 영혼의 구원을 목적으로 신성에 적합하다고(신이 받으신다고) 그들이 믿는 방식에 따라 신을 공적으로publice 섬기기 위해 자발적으로sponte sua 모인 인간들의 자유로운 사회societas libera입니다.

저는 교회를 '자유롭고 자발적인 사회societas libera et voluntaria'라고 부릅니다. 어느 누구도 교회의 구성원으로 태어나지 않습니다. 그렇지 않다면 아버지와 할아버지들의 종교는 상속법에 따라 토지와 마찬가지로 그에게 전해 내려왔을 것이고, 그는 믿음을 자신의 출생에 빚지게 될 것입니다. 그러한 일보다 더 어처구니없는 일은 생각해낼 수 없습니다. 그러므로 사정은 이러합니다. 인간은 어느 교회에도 태어나면서부터a natura 구속되지 않습니다. 어느 종파에도 (태어나면서부터 그 소속이) 확정되지 않습니다. 사람은 참된 종교와 신에게서 환영받는 예배 형식을 어느 곳에서 발견했다고 스스로 믿을 때에 그 〔교회〕 사회에 자발적으로 가입합니다. 그 사회에서 사람은 구원에 대한 희망을 발견합니다. 바로 그것이 교회에 들어서는 유일한 이유causa이듯이, 그것이 또한 사람이 그곳에 머무르는 한도mensura입니다. 만약 그 어떤 교리상의 오류나 예배 형식의 불일치를 발견하면, 자유롭게 그가 〔교회에〕 들어간 것처럼 언제나 〔자유롭게 나올 수 있도록〕 반드시 출구가 열려 있어야 합니다. 말하자면, 영원한 삶에 대한 일정한 기대와 연결되어 있지 않은 풀 수 없는 끈은 〔교회에〕 결코 있을 수 없습니다. 교회는 어디까지나 자기 의사에 따라, 그리고 〔영혼의 구원이라는〕 목적으로 결합한 구성원들로 이루어집니다.

이제 우리는 어떠한 권력이 교회에 속하며 어떠한 법률에 교회가 종속되어 있는지를 살펴볼 것입니다.

사회가 제아무리 자유롭고 가벼운 원인에 의해 세워졌더라도, 그 사회가 철학을 지향하는 지식인들의 사회이거나 사업을 위한 상인들의 사회이더라도, 혹은 심지어 상호 대화를 위해서나 취미로 모인 한가한 사람들의 사회이더라도, 법이 없으면 곧장 분해되어 사라지지 않고 지속할 수 있는 사회가 없으므로, 교회 역시 자기의 법률을 가지는 것이 필요합니다. 모임을 가질 장소와 시간이 결정되어야 합니다. 또한 새로운 구성원을 그 사회에 받아들이거나 〔기존의 구성원을 그 사회에서〕 내보내는 조건들이 제시되어야 합니다. 마지막으로 다양한 직책들과 그것들의 위계, 그리고 그 밖의 사항들이 확정되어야 합니다. 이미 밝힌 바와 같이 이 연합coalitio은 진정 자발적이며 어떠한 강제적인 힘에 대해서 자유로우므로, 법을 제정할 권리 역시 사회 그 자체 또는 적어도 사회가 스스로 동의하여 승인한, 그러므로 사회 자체와 동일한 사람들에게 속하며, 다른 어느 누구에게도 속할 수 없습니다.

그러나 당신은 다음과 같이 말할 것입니다. 어떤 교회에 주교episcopus나 장로presbyter가 없다면 그 교회는 참된 교회일 수 없다. 왜냐하면 그들이 가진 통치의 권한authoritas gubernandi이 사도들 자신으로부터 비롯하며 그 권위의 계승이 끊어지지 않고 그들에 이르기까지 지속되었기 때문이다.

첫째, 저는 그리스도가 어떠한 칙령edictum으로써 자신의 교회에 그와 같은 법을 부과했는지를 당신이 보여주기를 요청합니다. 이처럼 중대한 의미를 가진 일에 대해 당신에게 분명한 대답을 요구하더라도 결코 제가 성급한 것은 아닐 것입니다. 다음과 같은 구절은 오히려 다른 것을 말하는 것처럼 보입니다. "두세 사람이 내 이름으로 모이는 자리에는, 내가 그들과 함께 있다."[17] 한가운데에 그리스도가 계실 그 모임에 참된 교회가 되기에 부족한 것이 과연 무엇인지를 당신이 보여야 합니다. [그리스도의 이름으로 모인] 그곳에 참된 구원을 얻기에 부족한 그 어떤 것도 결코 있을 수 없습니다.

우리의 논의에는 이 정도로 충분합니다.

둘째, 당신은 그리스도에 의해 세움을 받고 〔사도들로부터〕 지속적으로 이어져온 교회의 수장 자리에 오르고자 하는 사람들이 그 출발선에서부터 서로 다른 의견을 갖고 있음을 볼 것입니다. 그들 사이의 이러한 이견의 존재는 필연적으로 우리에게 선택의 자유eligendi libertas를 허락합니다. 그러므로 각자는 자신이 선호하는 교회에 가는 것을 당연히 마음대로 결정할 수 있습니다.

셋째, 제가 제 영혼의 구원에 필수적인 것들을 보유하고 있다고 확신하는 〔교회〕 사회에 결합해 있는 동안, 당신은 당신이 직접 임명한 수장을 가질 수도 있으며, 앞에서 언급한 방식의 수장, 즉 오랜 계승을 통해 필연적으로 결정되었다고 믿는 수장을 가질 수도 있습니다. 이렇게 우리 모두에게는, 당신이 요구하는 바와 같이, 교회의 자유가 보장되고, 우리 둘 중 어느 누구도 자신이 선택한 입법자 외의 다른 사람을 수장으로 가지지 않습니다.

그러나 당신이 참된 교회에 대해 그토록 열심이기 때문에 내친김에 여기에서 한 가지 질문을 하고자 합니다. 신자들의 교제communio[18]에 대한 조건들은 오로지 성령이 성서에서 분명하고 명확한 말로써 구원에 필수적이라고 가르치는 것들로 이루어지는데, 그 조건들을 견고히 하는 것이 자기의 고안이나 해석을 마치 신법lex divina인 것처럼 강요하고 거룩한 말씀이 전혀 언급하지 않거나 결정적으로 공표하지 않은 것을 마치 그리스도교 신앙 고백에 필수적인 것처럼 교회법으로 제정하는 것보다 〔참된 교회에〕 더 적합하지 않습니까? 그리스도께서 영원한 삶을 위해 요구하지 않은 것을 교회 공동체를 위해 요구하는 사람은 어쩌면 〔교회〕 사회를 자신의 견해와 이익에 부합하게 만들려는 것입니다. 〔그리스도가 아닌〕 다른 제도를 통해 설립된 교회가, 그리고 언젠가 그리스도가 천국으로 받아들일 사람들을 그 교회에서 내쫓는 교회가 어떻게 그리스도의 교회로 불릴 수 있겠습니까? 그러나 지금은 참된 교회의 표지nota가 무엇인지를 조사하기에 적절한 때가 아니므로 일단 넘어가고자 합니다.

자기 〔교회〕 사회의 교리를 위해 그토록 열정적으로 다투며, 마치 한때 에베소의 은장색銀匠色들이 자신들의 디아나Diana를 외친 것과 같은 방식으로(〈사도행전〉 19장)[19], 결코 그보다 적지 않은 소음과 어쩌면 그들과 동일한 충동을 가지고서, 끊임없이 "교회! 교회!"라고만 외치는 사람들에게 저는 이 한 가지를 경고하고자 합니다. 복음서는 곳곳에서 그리스도의 참된 제자들이 박해를 기다리며 견뎌야 한다고 증거하고 있습니다. 제게는 그리스도의 참된 교회가 타인을 박해하거나 추적해야 한다거나, 무력으로써, 검으로써, 불로써 자기의 신앙과 교리를 받아들이도록 타인에게 강요해야 한다는 구절을 신약성서에서 읽은 기억이 없습니다.

언급한 바대로, 종교적 사회의 목적은 신에 대한 공적인 예배cultus Dei publicus이고 그것을 통해 영원한 생명을 얻는 것입니다. [교회 구성원에 대한] 모든 치리disciplina는 이 목적에 닿아 있어야 합니다.[20] 이 목적에 교회의 모든 법률은 제한되어야 합니다. 시민적 혹은 지상의 재산 소유에 관해서는 어느 것도 이 사회에서 행해지지 않으며 또한 행해질 수 없습니다. 이유가 무엇이든 간에, 어떠한 무력vis도 이곳에서는 사용되지 않습니다. 그것은 전적으로 세속 통치자에게 속합니다. 그리고 외적인 재산의 소유와 사용은 그의 권력에 종속됩니다.

당신은 다음과 같이 말할 것입니다. 만약 [물리적] 강제가 전혀 없어야 한다면, 어떠한 금지sanctio가 과연 [사람들로 하여금] 교회법을 준수하도록 할 것인가? 저는 다음과 같이 대답합니다. 어떤 금지가 영혼 깊숙이 자리 잡지 못하고 양심의 전적인 동의를 얻지 못한 채 어떤 것들을 단지 겉으로만 고백하고 준수하게끔 한다면 그러한 금지는 전혀 쓸모가 없습니다. 교회사회가 그 구성원들에게 의무를 다하도록 할 수 있는 무기는 훈계, 권고, 충고입니다. 만약 이러한 수단을 통해 범죄자들이 교정되지 않고 방황하는 자들이 제 길로 다시 돌아오지 않는다면, 더 나은 사람이 될 어떠한 희망도 보이지 않는 완고하고 고집 센 사람을 그 사회에서 전적으로 분리하는 일 외에는 다른 어떠한 수단도 교회사회에 남아 있지 않습니다. 이것이 교회 권력potestas ecclesiastica이 지닌 최고이자 마지막 힘입니다. 교회 권력이 가하는 처벌은 다른 그 무엇이 아니라, 몸과 〔몸으로부터 이미〕 단절된 지체 간의 관계를 끊음으로써, 유죄를 선고받은 자가 더는 그 교회의 부분이 되지 않도록 하는 것입니다.

3. 관용의 의무

공화국과 교회의 개념이 확정되었으므로 이제 조금 더 나아가 관용에 대한 각자의 의무가 무엇인지 살펴봅시다.

첫째, 어떠한 교회도 〔교회의〕 권고를 받고서도 완고하게 그 〔교회〕 사회의 제정된 법에 반하여 죄를 범하는 사람을 관용의 이름으로 품어 안아야 할 의무는 없다고 저는 말합니다. 법은 〔신자들의〕 교제의 조건인 동시에 〔교회〕 사회를 묶어주는 유일한 끈이므로, 만일 그 사회의 법을 어겨도 처벌받지 않는다면 사회는 유지될 수 없기 때문입니다. 그렇지만 쫓겨나는 사람의 신체나 재산에 그 어떤 방식으로든 상처를 입히거나 아프게 하는 말과 폭력적 행동이 출교 결정에 덧붙여지지 않도록 주의해야 합니다. 이미 언급한 바와 같이, 모든 무력은 통치자에게 속하며, 자신에 대한 공격을 물리치기 위해서가 아니라면 어떤 사인에게도 허용되지 않습니다. 출교 조치는 세속적 재산의 어느 것도, 그리고 사적으로 소유하고 있는 어떠한 것들도 출교당한 자에게서 빼앗지 않으며 또한 빼앗을 수 없습니다.[21] 그것들 모두는 그의 시민적 지위에 속하며 [세속] 통치자의 보호 아래 있습니다. [교회] 사회가 [누군가를 출교시키려는] 의지를 선언할 때, 이로써 그 사회의 몸과 지체 간의 연합은 해소되며, 이 관계의 단절과 함께 어느 누구도 그것에 대해 시민적 권리를 갖지 않는, 오로지 그 사회의 구성원들만이 참여하는 [성찬 예식과 같은] 특정한 것들의 나눔communio은 필연적으로 끊어집니다. 출교가 가진 모든 힘은 오직 여기에만 있습니다. 만약 교회의 성직자가 주님의 만찬을 기념하면서 출교된 사람의 돈이 아닌 [교회에 속한] 다른 사람의 돈으로 빵과 포도주를 마련하고 그것을 출교된 자에게 주지 않는다면, 그때에 출교된 자에게는 어떠한 시민적 피해도 발생하지 않기 때문입니다.

둘째, 어떠한 사인homo privatus도 다른 사람의 세속적 재산을 어떠한 방식으로든, 그가 자신의 종교나 예배 방식과는 다른 것을 옳다고 고백한다는 이유로, 침해하거나 감소시켜서는 안 됩니다. 그의 시민으로서의 권리뿐만 아니라 인간으로서의 모든 권리도 엄숙하게 보존되어야 합니다. 이 권리들은 종교에 속하는 것이 아닙니다. 그가 그리스도교도이건 이교도이건 간에, 모든 무력과 불의로부터 그는 보호되어야 합니다. 공정함justitia이라는 [형식적인] 잣대에 선의와 자선의 의무가 더해져야 합니다. 이것을 복음이 명령하고 있으며, 이성이 권유하고 있습니다. 사람들이 가진 공통의 〔사회적〕 본성이 매개한 인간사회가 또한 이것을 권유하고 있습니다. 만약 어떤 사람이 〔종교적으로〕 올바른 길에서 벗어난다면, 그 불쌍한 사람은 오로지 자기 자신에게만 잘못을 범하는 것일 뿐, 당신에게 죄를 짓는 것은 아닙니다. 그러므로 당신은 그 사람에게서 이 세상의 재화를 빼앗는 잘못된 처벌을 해서는 안 됩니다. 당신은 장차 올 시대에 〔이 세상이〕 멸망하게 될 것을 믿기 때문입니다. 종교적인 문제를 둘러싸고 서로 다투는 사인들이 서로 관용해야 한다는 저의 말이 또한 개별 교회들에도 적용된다고 생각합니다. 개별 교회들은 사인들의 관계와 같은 방식으로 서로 존재합니다. 종종 일어나는 일이지만, 세속 통치자가 이 교회 혹은 저 교회에 속할지라도, 어느 한 교회가 다른 교회에 대해 그 어떤 권리를 가지지 못합니다. 왜냐하면 교회가 공화국에 그 어떤 새로운 권리를 부여할 수 없듯이, 공화국 역시 교회에 그 어떤 새로운 권리를 부여할 수 없기 때문입니다. 그러므로 교회는 〔세속〕 통치자가 그 교회에 가입하거나 그 교회에서 탈퇴하거나 간에 늘 그전과 같이 자유롭고 자발적인 사회로 남습니다. 통치자가 어느 교회에 가입한다고 해서 그 교회가 검의 힘을 얻지는 않습니다. 〔마찬가지의 이유로 통치자가 그 교회를〕 탈퇴한다고 해서 〔그 교회가〕 전에 지닌 〔구성원들에 대한〕 교육과 출교의 치리 권한을 잃지는 않습니다. 이것은 불변의 권리로서 언제나 자발적인 사회에 속할 것입니다. 자발적인 사회는 그럴 필요가 있다고 생각되는 사람들을 그 사회로부터 떼어놓을 수 있습니다. 그러나 그 어떤 사람이 사회에 추가되어도 그로 인해 그 사회가 바깥에 있는 사람에 대한 사법권을 획득하지는 않습니다. 그러므로 사인들 사이에서 어떤 사람도 다른 사람에 대해 특권을 가지지 않는 것처럼, 다양한 교회들 사이에서도 평화와 형평, 우정이 언제나 동등하게 존중되어야 합니다.

예를 통해 사안이 더욱 분명해질 수 있도록 콘스탄티노플에 두 개의 교회, 곧 항명파Remonstrantes의 교회와 반항명파Antiremonstrantes의 교회가 있다고 가정해봅시다.[22] 과연 누가 이 두 교회 가운데 어느 한 교회에 다른 교회에 속한 사람들에게서, 그들이 다른 교리와 의례를 가졌다는 이유로, 자유나 재산을 강탈할 권리 또는 그들을 추방형이나 사형에 처할 권리가 있다고 말할 것입니까? 그러나 그런 일들이 〔콘스탄티노플이 아닌〕 다른 곳에서 실제로 일어나고 있음을 우리는 봅니다. 〔콘스탄티노플에서〕 그리스도인들이 그리스도인들을 도살장에서와 같은 잔혹함으로 박해하는 동안 〔이슬람교도인〕 투르크인들은 조용히 웃을 것입니다. 만약 이 교회들 가운데 어느 한 교회가 다른 교회에 대해 잔혹하게 행동할 권력을 가진다면, 과연 두 교회 중 어느 교회가 그 교회이며 어떠한 권리로 그러한 권력을 가지는지 저는 묻고 싶습니다. 의심할 바 없이 다음과 같은 대답이 나올 것입니다. 정통 orthodoxa 교회가 잘못된erranta 이단 교회에 대해 그러한 권력을 가진다. 그러나 이러한 대답은 웅장하고 화려한 단어들을 가지고 사실상 아무것도 말하지 않는 것입니다. 왜냐하면 모든 교회가 자기에게는 정통이며, 다른 교회에게는 잘못된 교회이거나 이단이기 때문입니다. 교회들은 무엇이든지 자기가 믿는 것을 참된 것이라고 믿고, 다른 상태로 변한 것을 오류라고 정죄定罪합니다. 그러므로 교리의 진리성에 관한 논쟁에서, 그리고 예배 형식의 올바름에 관한 논쟁에서 그 두 교회는 동등합니다. 〔그러한 문제에 관한〕 어떠한 판단〔의 권한〕도 〔세속의〕 심판자들에게 속해 있지 않습니다. 그러한 권한을 가진 심판자는 콘스탄티노플에도 없고 이 땅 어디에도 없습니다. 그 문제에 대한 결정권은 오직 모든 사람의 최고 심판자에게만 속합니다. 잘못을 범한 자에 대한 징계 역시 오로지 그분에게만 속합니다. 어떤 주인이 자신에게 예속되어 있지 않은 종을 경솔하고도 오만불손하게 처벌할 때, 그렇게 함으로써 그가 설령 자신의 잘못에 불의를 더하지는 않더라도 최소한 자신의 교만에 불의를 더한다면, 그가 얼마나 무거운gravius 죄를 짓는 것인지를 생각해보십시오.[23]

서로 다른 의견을 가진 교회들 가운데 어느 한 교회가 종교에 관해 올바르게 이해하고 있음을 확실하게 증명할 수 있다고 하더라도, 그 사실이 정통 교회에 다른 교회를 파괴할 권력을 더해주지는 않습니다. 왜냐하면 지상의 일에 관해서는 어떠한 사법적 권한jurisdictio도 교회에 속하지 않기 때문입니다. 또한 검과 불은 잘못을 논증하고 사람의 정신을 가르치고 바꾸는 일에 적합하지 않은 도구이기 때문입니다. 세속 통치자가 두 교회 중 어느 한 교회를 선호해서 그 교회가 통치자의 동의를 얻어 자신이 원하는 방식으로 다르게 믿는 자들heterodoxes을 징계한다고 가정해봅시다. 과연 누가 투르크 황제가 그리스도인들의 교회에 형제들에 대한 그 어떤 권리를 줄 수 있다고 말할 것입니까? 그리스도인들이 다른 신앙 교리를 가졌다는 이유로 그들을 처벌할 권한이 불신자에게는 없습니다. 스스로 가지고 있지 않은 권리를 불신자는 그 어떤 그리스도인들의 사회에도 줄 수 없습니다. 동일한 논리가 그리스도인들의 왕국에도 존재한다는 것을 생각해보십시오. 세속 권력은 어느 곳에서나 동일합니다. 세속 권력은 그것이 그리스도인 군주의 손에 있다고 해서 이교도 군주의 손에 있을 때보다 더 큰 권한을 교회에 부여하지 않습니다. 세속 권력은 교회에 어떠한 권한도 부여하지 않습니다.

그렇더라도 다음과 같은 사실은 주의 깊게 관찰할 필요가 있습니다. 진리의 친위대, 오류의 공격자, 교회분리주의를 견디지 못하는 자임을 자처하는 열성분자들이 자신들의 신을 향한 그 뜨겁고 활활 타오르는 열정을, 세속 통치자가 자신들에게 우호적이지 않을 때에는, 어느 곳에서도 좀처럼 드러내지 않는다는 것입니다. 그러므로 그들이 최고의 자리를 차지할 정도로 통치자가 그들에게 호의를 가진다면, 그 즉시 평화와 그리스도교의 사랑은 깨어질 수 있습니다. 다른 경우에 [즉 통치자가 그 열성분자들에게 호의를 가지지 않는다면 오히려] 상호관용mutua tolerantia은 존중될 수 있습니다. 그들이 세속적 힘을 통해 남들보다 강해지지 않는다면, 다른 경우[세속 권력의 힘을 통해 남들보다 강해지는 경우] 결코 참지 않을 법한 이웃들의 우상숭배나 미신 및 이단의 병폐 등을 자제력 있게 견딜 것입니다. 그들은 궁정과 통치자들이 맘에 들어 하는 오류들을 기꺼이 격렬하게 논박하는 헛된 수고를 하지 않을 것입니다. 그러나 [사실] 그것이야말로, 즉 이성과 논증이라는 저울추가 인간애와 선의라는 다른 저울추와 균형을 이루는 것이야말로 진리를 전파하는 참되고도 유일한 방법입니다.

따라서 어떤 개인도, 어떤 교회도, 심지어 공화국도 세속적 재산을 침해하고 강탈할 그 어떤 권리를 종교의 구실 아래 가질 수 없습니다. 저와 다르게 생각하는 사람은 [그러한 권리 주장이] 인류에게 끝없는 분쟁과 전쟁의 원인을, 그리고 강탈, 학살, 영원한 증오를 향한 선동을 얼마나 공급해왔는지를 스스로 숙고해보시기 바랍니다. 만약 지배dominium

가 〔신의〕 은총 속에 그 뿌리를 두고[24] 종교가 무력과 무기로 전파되어야 한다는 의견이 압도적이게 된다면, 우애友愛는 물론, 안전과 평화도 결코 사람들 사이에 자리 잡고 유지될 수 없을 것입니다.

셋째, 우리는 관용의 의무가 교회적 성격이나 직분 면에서 나머지 군중과 평신도, 혹은 그들을 뭐라고 부르기를 원하건 간에, 그들과 구별되는 감독, 성직자, 장로, 사제, 혹은 그 어떤 이름으로 불리는 사람들에게서 무엇을 요구하는지를 살펴볼 것입니다. 〔이 자리는〕 성직이 지닌 권력의 기원이나 그 것이 지닌 존엄성의 기원에 대해 묻는 자리가 아닙니다. 그러나 이것만은 말해둡니다. 어디에서 그들의 권위가 기원했든지 간에, 그 권위는 교회적인 것이므로 〔어디까지나〕 교회라는 틀 안에 머물러야 합니다. 정치적 사안으로까지는 어떠한 방식으로든 결코 확장될 수 없습니다. 교회 그 자체는 공화국과 정치적인 사안들과 전적으로 구별되며 분리되어 있기 때문입니다. 경계는 〔교회와 공화국〕 양쪽 모두에 고정되어 있으며 움직일 수 없습니다. 기원, 목적, 소재의 측면에서 너무나도 다른 이 두 사회를 섞으려고 하는 자는 하늘과 땅처럼 가장 멀리 떨어져 있는 것 두 가지를 뒤섞으려고 하는 것입니다. 그러므로 어느 누구도, 그 사람이 궁극적으로 그 어떤 교회 직분으로 치장하고 있을지라도, 자신과는 다른 교회에 속해 있고 다른 신앙을 가지고 있다는 이유로 다른 사람에게서 생명, 자유, 그리고 그 어떤 지상의 재산의 일부도 빼앗을 수 없습니다. 온전한 교회에 정당하게 부여될 수 없는 것은 교회법을 통해서도 교회의 그 어떤 구성원에게 정당하게 부여될 수 없기 때문입니다.

교회에 종사하는 사람들 자신만이 무력과 강탈과 온갖 종류의 박해에서 멀어지는 것으로는 충분하지 않습니다. 자신을 사도들의 계승자라고 고백하는 사람에게는, 그리고 가르치는 직분을 가진 사람에게는 더 나아가서 신자들에게도 모든 사람을 향한 평화와 선의의 의무에 대해 권면勸勉할 의무가 있습니다. 올바른 신앙을 가진 사람에게와 마찬가지로 잘못된 신앙을 가진 사람에게도, 자신과 같은 생각을 하는 사람에게와 마찬가지로 다른 신앙이나 예배 방식을 가진 사람에게도 평화와 선의의 의무를 다할 것을 권면할 의무가 있습니다. 그리고 자신의 교회에 속해 있는 모든 사람을, 그가 사인이거나 공화국을 이끄는 사람이거나 간에, 자비와 온화함, 관용을 향하도록 격려할 의무가 있습니다. 그리고 다르게 믿는 사람들을 향한 영혼의 모든 혐오와 열심을 억제하고 누그러뜨리도록 할 의무가 있습니다. 자신의 종교와 종파를 위하는 난폭한 열망이 자기 자신이나 타인의 교활한 정신 속에서 그 혐오와 열심을 부채질합니다. 〔반대로〕평화와 관용의 가르침이 설교단에서 울려 퍼진다면, 교회나 공화국이 어떠한 〔질적인〕 열매와 얼마나 큰 〔양적인〕 열매를 거두게 될 것인지는 성직자들에 대해 제가 무엇인가 더 중대한 것을 말하는 것처럼 보이지 않도록 하기 위해 굳이 말하지 않겠습니다. 저는 그들의 위엄이 어느 누구에 의해서도, 물론 그들 자신에 의해서도 결코 침해되지 않기를 원합니다. 그러나 저는 평화와 관용의 가르침이 설교단에서 울려 퍼져야 한다는 것, 그리고 만약 누구든지 자신을 신성한 말씀의 종이요 평화의 복음을 선포하는 자라고 고백하면서도 [평화와 관용이 아닌] 다른 것을 가르친다면 그는 자신에게 부여된 임무를 잘못 알고 있거나 무시하는 것이며 따라서 언젠가 평화의 왕에게 그 계산을 해야 한다는 것만을 말해두고자 합니다. 만약 그리스도인들이 일흔 번씩 일곱 번까지 반복해 자극하는 불의를 당할 때에도 복수와 거리를 두어야 한다는 주의를 받는다면[25], 다른 사람에게서 아무런 고난을 당하지 않은 사람은 마땅히 [무고한 다른 사람에게] 온갖 분노와 적대적인 무력을 사용하지 않도록 자신을 절제해야 하며 자신에게 어떠한 재산상의 피해도 입히지 않은 사람에게 어떠한 방식으로도 피해를 입히지 않도록 최대한 주의해야 마땅합니다. 무엇보다도 오로지 자기의 일만을 행하고, 다른 사람들의 의견과는 상관없이 오로지 하나님이 기뻐하신다고 스스로 믿는 방식으로만 하나님을 섬기려고 애쓰는, 그래서 영원한 구원에 대해 가장 큰 희망을 준다고 스스로 믿는 종교를 받아들이는 사람들에게 악을 휘두르지 않아야 합니다. 자신의 것을 가지고서 무엇이 자신에게 적합한지를 고려하고 그 판단에 따라 최적인 것을 추구하는 것은 각자의 소관입니다. 이 사실은 집안일과 재산, 신체의 건강에 대해서도 적용됩니다. 그래서 자기 이웃이 집안일을 잘못 관리하더라도 어느 누구도 고소하지 않습니다. 〔자기 이웃이〕 땅에 씨를 잘못 뿌리거나 딸을 잘못 시집보내는 것에 대해 어느 누구도 분노하지 않습니다. 〔자기 이웃의〕 주방에서 음식이 졸아드는 것을 어느 누구도 바로잡지 않습니다. 자기 방식으로 무너뜨리고〔파산하고〕 세우고〔모으고〕 낭비하는 것은 침묵되며 허락됩니다. 그러나 그가 공공 예배당을 자주 찾아가지 않는다면〔교회에 다니지 않는다면〕, 그가 그곳에서 마땅히 지켜야 할 예법에 따라 몸을 구부리지 않는다면, 자식들을 이 교회나 저 교회의 예식을 통해 입교시키지 않는다면, 웅성거림과 고함소리와 고발이 생겨납니다. 모든 사람이 그 큰 범죄에 대한 보복자가 될 준비가 되어 있습니다. 그리고 광신자들은 그 사람이 법정에 소환되고 판사의 판결이 그의 신체를 죽을 때까지 감옥에 가두거나 그의 재산을 경매에 내놓고서야 비로소 자신들의 폭력과 강탈을 겨우 억제합니다.

교회와 그 종파의 대변자들이 이용할 수 있는 모든 논증의 힘을 가지고서 타인의 오류를 지적하고 끝까지 싸워 굴복시키더라도, 사람만은 용서하십시오. 그러나 행여 이성의 중요성이 사라지더라도, 〔이성과〕 서로 조화되지 않는 낯선 〔세속의〕 법정에 속하는 수단들이 채택되어서는 안 되며, 〔더구나 그 수단들이〕 성직자들에 의해 조종되어서는 안 됩니다. 〔세속 권력을 상징하는〕 권표權標와 도끼가 자기 〔종파〕의 웅변이나 교리의 원군으로서 통치자에 의해 차용되어서는 안 됩니다. 행여 그들이 진리에 대한 사랑을 이유로 내세운다고 해도 그래서는 안 됩니다. 검과 불로 과도하게 끓어오르는 그들의 열정은 지배권을 얻으려고 노력한다는 증거가 됩니다. 그러므로 메마른 눈과 편협한 생각을 가진 그 사람은 자신이 살아 있는 생명을 화형에 처해지도록 넘기면서 장차 올 시대에 지옥gehenna의 불로부터 형제가 안전하고 무사하기를 열정적이고 진지하게 바란다는 것을 현명한 사람들에게 쉽게 설득하지 못할 것입니다.

넷째, 이제 마지막으로 무엇이 통치자의 의무이고 무엇이 관용에 관해 가장 중요한지를 살펴보아야 합니다.

앞에서 우리는 영혼을 돌보는 일이 통치자에게 속하지 않는다는 것을 증명했습니다. 이 말은 이것이 어디까지나 법의 명령과 형벌의 강제로 실행되는 통치권적 관심authoritativa cura, 만약 그렇게 부르는 것이 허락된다면, 그 대상이 아니라는 것입니다. 왜냐하면 가르침, 권면, 설득으로 보살피는 자선〔적 관심〕은 어느 누구에게도 거부될 수 없기 때문입니다.[26] 그러므로 자기 영혼을 돌보는 일은 각자에게 달려 있으며, 각자에게 맡겨져야 합니다. 당신은 이렇게 말할 것입니다. 만약 어떤 사람이 자기 영혼을 돌보는 일을 소홀히 한다면 [어떻게 해야 하는가]? 저는 이렇게 대답합니다. 만약 그가 자기 건강을 돌보는 일을 소홀히 한다면, 만약 그가 [영혼을 돌보는 일보다] 통치자의 명령권에 더 가까이 속해 있는 자기 집안일을 돌보기를 소홀히 한다면, 통치자가 그 일에 대한 법령을 만들어 병들거나 가난해지지 않도록 조심케 해야 합니까? 법은 할 수 있는 한 신민의 재산과 건강을 타인의 폭력이나 사기로부터 보호하려고 노력하지만, 소유자 자신의 부주의나 낭비로부터는 보호하려고 노력하지 않습니다. 어느 누구도 억지로 건강해지도록, 억지로 부유해지도록 강제할 수 없습니다. 원하지 않는 사람은 심지어 하나님도 구원하지 않으실 것입니다.[27] 어떤 군주가 신민들로 하여금 부를 얻도록 혹은 신체의 힘을 지키도록 강요하려 한다고 가정해봅시다. [그러면] 오로지 로마 [교황청] 의사들의 조언만을 들어야 한다고 법으로 정할 것입니까? 그리고 모든 사람이 그들의 처방에 따라서 살도록 할 것입니까? 도대체 바티칸에서 준비한 것 외에는 혹은 제네바 [칼뱅주의] 공장에서 나온 것 외에는 어떠한 약이나 음식도 섭취해서는 안 된다는 말입니까? 또는 신민들이 자기의 집에서 풍족하고 깨끗하게 살도록, 모든 사람이 상업이나 음악을 행하도록 법으로 구속할 것입니까? 여인숙 주인이거나 수공업 기술이 있으면 충분히 편하게 자기 가족을 부양할 수 있고 부를 늘릴 수 있다고 해서 모든 사람이 여인숙 주인이나 수공업자가 되어야 합니까? 그러나 당신은 이렇게 말할 것입니다. 돈을 버는 기술은 천 가지이지만, 구원의 길은 단 하나이다. 분명 이것은 옳은 말입니다. 특히, 이러저러한 〔구원의〕 길로 가도록 강제하려는 사람들이 그렇게 옳게 이야기합니다. 구원에 이르는 길이 여럿 있다면 강제할 구실조차 발견될 수 없을 것이기 때문입니다. 그러나 만약 제가 거룩한 지리학에 따라 올바르게 예루살렘을 향하여 온 힘을 다해 가고 있다면, 왜 제가 반쪽장화를 신지 않았다고 해서, 특정한 방식으로 세례를 받지 않았다고 해서, 혹은 삭발하지 않았다고 해서 매를 맞아야 합니까? 왜 제가 〔구원을 향한〕 여행 중에 고기를 먹기 때문에, 혹은 위胃와 건강 상태에 적합한 방식으로 음식을 섭취하기 때문에 매를 맞아야 합니까? 왜 제가 낭떠러지와 가시밭으로 이끄는 것처럼 보이는 샛길을 피하기 때문에, 혹은 동일한 곳을 향하는 여러 길들 가운데에서 가장 덜 구불거리고 가장 덜 진흙탕일 것 같아 보이는 오솔길을 선택하기 때문에 매를 맞아야 합니까? 왜 제가 이 사람들보다 더 온화하고 저 사람들보다 덜 괴팍해 보이는 사람들과 기꺼이 함께하기를 원하기 때문에, 혹은 〔주교의〕 모자를 쓰거나 하얗고 긴 옷을 입은 길 안내자가 제게 있거나 없기 때문에 매를 맞아야 합니까? 이러한 것들은 종교의 핵심summa religionis에 대해 동일한 것을 생각하고 올바르게 생각하는 그리스도인 형제들을 그토록 열정적으로 싸우게 만들지만, 만약 사안을 올바로 고찰한다면, 그것들은 확실히 더 적은 의미를 가지는 것입니다. 그리고 그것들은 종교와 영혼의 구원을 잃지 않고서도, 〔오히려〕 미신적이거나 위선적인 방식에서 자유롭게 〔얼마든지〕 준수될 수 있고 〔또 얼마든지〕 포기될 수도 있는 것입니다.

그러나 이 상황에서 서로 다른 길들이, 그리고 서로 다른 방향을 향하는 길들이 생겨난다는 것을 열성분자들과 자기의 방식과 다른 모든 것을 비난하는 자들에게 인정해줍시다. 마침내 우리는 어느 길로 나아갈 것입니까? 그 길들 가운데 오직 한 길만이 구원에 이르는 진정한 길일 것입니다. 그러나 사람들이 지나가는 천 개의 길 가운데 무엇이 올바른 길인지는 모릅니다. 공화국의 보살핌이나 법률 제정의 권리도 천국으로 이끄는 그 길을 통치자에게 사인 자신의 탐구가 그에게 보여주는 것보다 더 분명하게 드러내 보여주지 못합니다. 제가 허약하고 심각한 병으로 시들어버린 몸을 이끌고 가는데, 그에 대한 치료법이 오직 하나이며 그 방법이 알려져 있지 않다고 가정해봅시다. 치료법이 단 한 가지이기 때문에, 그리고 그 방법이 온갖 다양한 방법들 가운데에서 무엇인지 알려져 있지 않기 때문에, 그러한 이유로 치료약을 처방할 권리가 통치자에게 속해야 합니까? 죽음을 벗어나기 위해 행해야 할 방법이 내게 단 하나 남아 있기 때문에, 통치자가 행하라고 명령하는 것이 확실한 것이 됩니까? 개개 인이 열심, 조언, 판단, 성찰, 진지한 정신을 가지고서 탐구해야 할 것들은 그 어떤 한 종류의 인간에게 마치 그들의 재산처럼 귀속될 수 없습니다. 군주들은 권력에 관해서는 우월한 존재로 태어납니다. 그러나 본성에 관해서는 다른 죽을 수밖에 없는 존재들과 동등한 존재로 태어납니다. 통치에 대한 권리나 통치에 대한 [전문적] 지식이 그것과 함께, 참된 종교에 대한 인식은 말할 것도 없고, 다른 사물들에 대한 확실한 인식을 가져다주지는 않습니다. 왜냐하면, 만약 [군주의 자리가 참된 인식을] 가져다준다면 종교적인 사안에 대해 각 영토의 주인들이 그토록 다양한 방향으로 가는 일이 어떻게 생기겠습니까? 그러나 영생에 이르는 길이 신민보다 군주에게 더 잘 알려져 있는 것이 개연적이라고 가정해봅시다. 혹은 적어도 사안들의 이러한 불확실성 속에서 군주의 명령에 순종하는 것이 더 안전하고 편한 일임을 인정해봅시다. 그러면 당신은 이렇게 말할 것입니다. 만약 군주가 당신에게 상업으로 생활을 영위하도록 명령한다면, 그 방법으로 이익을 얻을 수 있을지 의심스럽기 때문에 당신은 거부할 것인가? 저는 이렇게 대답하겠습니다. 저는 군주의 명령을 따라 상인이 될 것입니다. 만약 제가 성공하지 못한다면 상업을 통해 제가 잃어버린 비용과 수고를 그가 다른 방법으로 충분히 보상할 수 있기 때문입니다. 상업의 실패라는 나쁜 운이 제 전

재산을 앗아가버렸을 때, 만약 군주가 스스로 주장하는 것처럼 배고픔과 가난을 제게서 제거하기를 원한다면, 그는 그것을 쉽게 해낼 수 있습니다. 그러나 이것이 장차 올 삶에 관한 일들에서는 일어나지 않습니다. 만약 그러한 일에서 제가 노력을 잘못해서 [구원에 대한] 희망을 잃어버린다면, 어떤 경우에도 통치자가 그 손실을 보상해줄 수 없고 슬픔을 가볍게 해줄 수 없으며 온전한 모습으로는커녕 부분적으로도 저를 회복시켜줄 수 없습니다. 하늘의 왕국에 대한 [통치자의] 어떠한 약속으로 [과연 저의 구원이] 보호되겠습니까?

어쩌면 당신은 이렇게 말할 것입니다. 거룩한 사안들에 관하여 확실하고 [그래서] 모든 사람이 마땅히 따라야 하는 판단을 우리는 세속 통치자에게 맡기지 않고 교회에 맡기며, [다만] 교회가 확정한 것을 세속 통치자가 모든 사람들로 하여금 지키도록 명령하고 어느 누구도 거룩한 사안에 대해 교회가 가르치는 것과 다르게 행동하거나 믿지 않도록 자신의 권위로써 지킬 정도로 판단의 권한은 교회의 수중에 있다. 통치자 자신도 [교회의 판단에] 복종하며 다른 사람들에게 [교회의 판단에 대한] 복종을 요구한다. 저는 이렇게 대답하겠습니다. 사도의 시대에 그 존경할 만했던 교회의 이름을 그 후의 시대에 [단지 세속 권력을 향한 야심을] 위장하기 위해 드물지 않게 사용하는 것을 누가 보지 못합니까? [교회라는 이름이] 최소한 현세의 일에서는 어떠한 도움도 우리

관용에 관한 편지 51

에게 가져다주지 않습니다. 천국으로 인도하는 그 유일한 좁은 길이 사인보다 통치자에게 더 많이 알려져 있지는 않다고 저는 말합니다. 그러므로 또한 저는 〔구원의〕 길에 대해 마찬가지로 무지한 자일 수 있으며 또한 저의 확실한 구원에 대해 저 자신보다 덜 근심하지 않을 수 없는 그〔통치자〕를 인도자로 삼아 안전하게 따를 수가 없습니다. 히브리 민족의 수많은 왕들 가운데 그 왕을 따른 이스라엘 사람이 하나님에 대한 참된 예배에서 벗어나 맹목적으로 복종함으로써 〔결국〕 우상숭배와 분명한 멸망으로 전락하게 되지 않은 왕이 도대체 얼마나 됩니까? 당신은 도리어 저에게 마음을 단단히 먹으라고 명령합니다. 당신은 모든 것이 안전하다고 말합니다. 왜냐하면 이제 통치자가 종교적인 일들에 대해 자신의 결정이 아니라 교회의 결정을 인민들에게 준수하도록 하며 세속적 법령으로 확정하기 때문입니다. 그러나 저는 묻습니다. 도대체 어느 교회의 결정입니까? 당연히 군주를 기쁘게 하는 교회의 결정입니다. 그것은 참으로 마치 저를 이 교회나 저 교회에 가도록 법과 처벌과 폭력으로 강제하는 사람이 종교에 대해서는 자기의 판단을 개입시키지 않는다고 말하는 것과 같습니다. 자기가 직접 저를 이끄는 것과 저를 다른 사람에게 이끌도록 넘겨주는 것은 과연 무엇이 다릅니까? 마찬가지로 그의 의지에 저는 의존하며, 두 경우〔통치자가 결정하는 경우와 교회가 결정한 것을 단지 통치자가 명령하는 경우) 모두에서 마찬가지로 저의 구원에 관한 것을 그가 결정합니다. 성직자들의 의회와 그 종교의 비교祕教 전수자들에 의해 승인된 것, 신성을 위해 지녀야 할 것 외에는 왕이 종교에 대해 어느 것도 임의로 결정하지 않고 신성한 예배에 대해 어느 것도 신민에게 명령하지 않는다는 것을 자신이 (왕에게서 직접) 들었다는 이유로, 왕의 명령에 따라 바알Baal을 섬긴 유대인(의 구원)이 얼마나 더 안전해집니까? 만약 그 어떤 교회의 종교가 그 종파의 주교들과 사제들과 그들의 추종자들이 칭찬했다고 해서, 공표했다고 해서, 그리고 그들이 자신들의 대도代禱를 통해 할 수 있는 대로 추천했다고 해서 참되고 구원을 가져다주는 종교라면, 도대체 어떤 종교가 잘못된 종교이고 그릇된 종교이며 파괴적인 종교이겠습니까? 저는 소치누스파Socinianus의 신앙에 대해 의심합니다.[28] 교황주의자들이나 루터파의 예배가 제게는 의심스럽습니다. 그러므로 교회 박사들의 권위와 의회에서 나온 것 외에는 통치자가 아무것도 명령하지 않고 종교에 관해 아무것도 금지하지 않기 때문에 이 교회나 저 교회에 통치자의 명령에 따라 가입하는 것이 저에게 더 안전합니까? 그렇지만 만약 우리가 진실을 말하기를 원한다면, 대부분의 경우 법정이 교회(만약 결정을 내리기 위한 성직자들의 회합을 그렇게 부를 수 있다면)에 자기를 맞추기보다는 교회가 법정에 더 쉽게 자기를 맞춥니다. 정통파 군주의 치하나 이단자 아리우스파 군주의 치하에서 〔공통적으로〕교회가 어떠했는지 충분히 알려져 있습니다.[29] 그러나 만약 이 역사가 너무 멀다면, 더 가까운 잉글랜드의 역사가 헨리Henry, 에드워드Edward, 메리Mary, 엘리자베스Elizabeth 치하에서 성직자들이 얼마나 손쉽게 교령敎令, 신앙의 조항들, 예배 형식, 그리고 온갖 것들을 군주의 명령에 맞춰 만들어냈던가를 우리에게 보여줍니다. 그 군주들은 종교에 관해 그토록 다양하게 생각했고 또한 그토록 다양하게 명령했습니다. 그래서 그 어떤 유덕한 사람이, 참 하나님을 섬기는 사람이 양심을 잃지 않고서, 하나님에 대한 존경을 잃지 않고서 종교에 관한 그 군주들의 결정에 순종할 수 있다고 미친 사람이 아니고서는, 과거에 저는 〔그런 사람을〕거의 무신론자라고 불렀는데, 어느 누구도 감히 주장하지 않을 것입니다. 그 이상 무슨 말이 더 필요하겠습니까? 만약 왕이 자신의 판단에 따라서이건 교회의 권위에 따라서이건, 그리고 다른 사람들의 의견에 따라서이건 간에 다른 사람의 종교에 법을 부과하기를 원한다면 그것은 마찬가지입니다. 성직자들의 의견 대립과 싸움은 충분한 정도 이상으로 잘 알려져 있습니다. 성직자들의 판단이 결코 더 건전하지도 않고 결코 더 안전하지도 않습니다. 또한 그들이 집단적으로 가지고 있는 대도권은 어느 견지에서 보더라도 세속 권력에 그 어떤 힘을 보태줄 수 없습니다. 군주들이 자신들의 신앙과 예배 형식에 호의적이지 않은 성

직자의 의견과 대도권을 그 어떤 곳에서도 허락하지 않으려
고 한다는 것은 주목할 가치가 있습니다.

그러나 이 논쟁의 핵심이고 이 논쟁을 완전히 매듭짓는 것
은 바로 이것입니다. 통치자의 종교에 대한 생각이 더 나은
것이고 그가 가도록 명령하는 길이 참으로 복음적이라고 할
지라도, 만약 그것이 저의 영혼에서부터ex animo 설득되지 않
는다면 그것은 저에게 구원을 가져다주지 못할 것입니다. 양
심에 반대하여 나아가는 어떠한 길도 저를 축복받은 자들의
처소로 결코 인도하지 못할 것입니다. 제가 혐오하는 방법으
로 저는 부요富饒해질 수 있습니다. 제가 그 효능을 의심하는
약을 통해서도 저는 건강해질 수 있습니다. 그러나 제가 의
심하는 종교를 통해, 제가 혐오하는 예배 형식을 통해 구원
을 받을 수는 없습니다. 불신자는 외적인 도덕들을 무익하게
외피로 입습니다. 그러나 하나님을 기쁘게 하기 위해서는 믿
음과 내면의 신실함이 필요합니다. 어떤 약이 아무리 훌륭하
고 아무리 다른 사람의 인정을 받았더라도, 만약 위가 복용
된 약을 즉시 거부한다면 그 약은 헛되이 먹은 것입니다. 그
러므로 원하지 않는 사람에게는 치료제를 〔억지로〕 부어 넣
지 말아야 합니다. 왜냐하면 〔약 성분과 신체 성분 간의〕 혼
합의 오류를 통해 약이 독으로 변할 것이기 때문입니다. 종
교에 대해 무엇이든지 의문이 제기될 수 있습니다. 그러나
적어도 이것만은 분명합니다. 제가 참된 종교라고 믿지 않

는 어떠한 종교도 제게 참되거나 유용할 수 없습니다. 그러므로 통치자가 영혼의 구원이라는 구실을 내세워 신민들을 자신의 종교 행사에 강제로 동원하는 것은 쓸데없는 일입니다. 그 신민들은, 만약 그들이 믿는다면 스스로 올 사람들이고, 믿지 않는다면 아무리 여러 번 온다고 하더라도 오지 않는 경우와 마찬가지로 멸망할 것입니다. 그러므로 당신이 타인에 대한 선한 의지를 가졌다고 아무리 많이 주장하고, 타인의 구원에 대해 아무리 많이 애쓰더라도, 사람은 구원받도록 강제될 수 없습니다. 결국 구원의 문제는 각자에게, 각자의 양심에 맡겨져야 합니다.

이렇게 해서 마침내 우리는 사람들을 종교 문제에서 타인의 지배로부터 자유롭게 합니다. 이제 사람들은 무엇을 해야 합니까? 하나님을 공적으로 섬겨야 한다는 것은 모든 사람이 알 뿐만 아니라 또한 인정합니다. 그렇지 않다면 무엇 때문에 우리들이 공적인 회합에 모이겠습니까? 그러므로 이 자유의 상태에 있는 사람들은 단지 상호 계발을 목적으로 할 뿐만 아니라, 또한 자신이 하나님을 섬기는 사람임을, 그리고 신성한 존재에게divino numini 스스로 부끄러워하지 않는 예배와 하나님께 합당하지 않거나 하나님이 기뻐하지 않으신다고 믿지 않는 예배를 드린다는 것을 인민 앞에서 증명하기 위해서도 교회사회에 가입해야 합니다. 〔그리고 마지막으로〕 교리의 순수함, 삶의 신성함, 의례라는 적절한 장식을 통해 다른 사람들을 종교와 진리에 대한 사랑으로 이끌기 위해, 그리고 개별 사인들에 의해 실행될 수 없는 그 밖의 다른 것〔종교적 행위〕들을 실행하기 위해 교회사회에 가입해야 합니다.

4. 교회의 권리

이들 종교적인 사회를 저는 교회라고 부릅니다. 그것을 통치자는 관용해야 합니다. 왜냐하면 그렇게 회합에 모인 사람들은 개별 인간들에게 온전히 합법적으로 허용되어 있는 영혼의 구원에 관한 것 외의 어떤 것도 행하지 않기 때문입니다. 이러한 일에서는 〔군주가 속한〕 궁정의 교회와 그 밖의 다른 다양한 교회들 사이에 어떠한 구별도 없습니다.

그러나 모든 교회에서 무엇보다도 두 가지를 고려해야 하는데, 그것은 곧 외적인 예배cultus externus 혹은 의례ritus, 그리고 교리dogmata입니다. 관용의 보편적인 이유를 더 분명하게 확정하기 위하여 이 두 가지를 개별적으로 다루어야 합니다.

(1) 예배의 자유
가. 통치자는 자신의 교회에서나 타인의 교회에서 (그것은

훨씬 덜 허용됩니다) 그 어떤 종교적 의례들이나 하나님을 예배하는 데에 사용되는 의식들을 시민적 법으로 제정할 수 없습니다. 그것은 단지 이 사회들이 자유롭기 때문만이 아니라, 신성한 예배에서 하나님께 드리는 그 무엇이 인정될 수 있는 이유가 오직 예배하는 자들이 그것이 하나님께 받아들여질 것임을 믿는 것이기 때문입니다. 그러한 확신에 근거해 행해지지 않는 어떠한 것도 정당하지 않으며, 또한 하나님에게 받아들여지지 않습니다. 왜냐하면 종교의 목적은 하나님을 기쁘게 하는 것인데, 어떤 사람에게 종교의 자유를 허용하고서 그에게 바로 그 예배에서 하나님을 기쁘지 않게 하라고 명령하는 것은 모순이기 때문입니다. 당신은 이렇게 말할 것입니다. 그렇다면 당신은 모든 사람이 인정하는 재량에 속하는 사안res adiaphoras에 대한 권한을, 만약 그 권한이 박탈된다면 법을 제정할 어떠한 재료도 남지 않게 될 텐데, 그 권한을 통치자에게 부정할 것인가? 저는 이렇게 대답합니다. 저는 중립적인 것res indifferentes을, 그리고 어쩌면 그것만을 유일하게 입법의 권력에 종속된 것으로 인정합니다.[30]

가) 그러나 그것에서 중립적인 것에 관해서라면 무엇이든지 통치자의 마음대로 〔예배에 관한 법을〕 제정하는 것이 정당하다는 결론이 도출되지는 않습니다. 공공의 편익publicum commodum이 법을 제정하는 기준과 잣대입니다.[31] 만약 어떤 것이 공화국의 필요usus에서 비롯한 것이 아니라면, 그것이

중립적인 것이든지 간에 상관없이 결코 법으로 확정될 수 없습니다.

나) 자기 본성에 따라 중립적인 것일지라도, 그것이 교회와 신성한 예배에 도입되었을 때에는 통치자의 사법권 바깥에 놓입니다. 왜냐하면 그곳에서 사용됨으로써 시민적 사안들과 어떠한 연관도 가지지 않게 되기 때문입니다. 오로지 영혼의 구원에 관한 것만이 행해지는 곳에서 이러저러한 의례가 사용되는 것은 이웃과도 공화국과도 관계가 없습니다. 교회 회합에서의 의식들의 준수나 폐지는 타인들의 삶과 자유, 부에 당연히 손해가 되지 않으며 손해가 될 수도 없습니다. 예를 들어, 갓 태어난 아기를 물로 씻기는 것은 그 자신의 본성에 따라서는 중립적인 일입니다. 다만 유아들이 걸릴 수 있는 그 어떤 질병을 치료하거나 예방하는 데에 그러한 방식의 씻김이 유용하다는 것을 통치자가 알고, 또한 칙령을 통해 주의해야 할 정도로 그 일이 중대함을 그가 믿는다면, 통치자가 그것을 법으로 규정하는 것이 정당하다고 우리는 가정합니다. 그렇다고 해서 어느 누가 동일한 권리에 따라 법으로 유아들이 성직자에 의해 거룩한 샘에서 영혼의 정화를 위하여 씻음을 받거나 그 어떤 거룩한 의례를 통해 입교될 것을 명령하는 것이 또한 군주에게 허락된다고 말할 것입니까? 누가 첫눈에 이 일들이 하늘과 땅만큼 다르다는 것을 보지 못하겠습니까? 그 아이가 유대인의 자녀라고 가정해봅시

다. 그러면 사안 자체가 저절로 설명됩니다. 그리스도인 통치자가 유대인을 신민으로 삼는 것을 금지하는 것이 도대체 무엇입니까? 그 본성에 따라서는 중립적인 사안에 관하여 어떤 불의가 유대인에게 가해지지 않아야 함을, 즉 종교적인 의례에 관하여 자신이 생각하는 것에 반하여 행하도록 강제되지 않아야 함을 인정하면서, 당신은 그 불의가 그리스도인에게는 가해져도 된다고 주장할 것입니까?

다) 자기의 본성에 따라 중립적인 것들은 인간적인 권위와 결정에 의해 신성한 예배의 부분이 될 수 없습니다. 그것들이 중립적이라는 바로 그 이유 때문입니다. 왜냐하면 중립적인 어떠한 것들도 자기에게 고유한 능력으로써 신의 노여움을 푸는 일에 적합하게 만들어지지 않았기 때문입니다. 어떠한 인간의 권력이나 권위도 하나님의 호의를 살 수 있을 정도의 위엄과 탁월함을 그 [중립적인] 것들에 부여해줄 수 없습니다. 공동의 삶에서 자기 본성에 따라 중립적인 것들을 사용하는 것은 하나님이 금지하지 않았습니다. 그것들의 사용은 자유롭고 정당합니다. 그리하여 그것들에 관해서는 인간의 결정과 권위가 자리를 가질 수 있습니다. 그러나 동일한 자유가 종교와 성사에 관해서는 존재하지 않습니다. 신성한 예배에서 자유재량에 속하는 것들은, 그것들이 하나님에 의해 제정된 것이 아닌 한, 그리고 하나님이 확실한 명령을 통해, 최고의 신성을 지닌 대왕께서 보잘것없는 죄인들로 하

여금 승인하고 받아들이도록 하신, 예배의 일부가 될 수 있는 위엄을 그것들에 부여하지 않는 한, 합법적이지 않습니다. 누가 그것들을 예배의 일부로 요구했느냐[32]고 분노에 차서 물으시는 하나님께 통치자가 명령했다고 대답하는 것으로 충분하지 않습니다. 만약 세속적 사법권이 거기까지 확장된다면, 과연 무엇이 종교에서 합법적이지 않겠습니까? 의례들의 혼합물인 것들, 미신의 발명인 것들, 단지 통치자의 권위에 달려 있는 것들, 이것들 대부분은 그 본성상 중립적인 것들의 종교적인 사용으로 이루어지며 그것들[을 예배로 행하는 것]은 다른 무엇 때문이 아니라 하나님이 [그 의례들의] 제정자author가 아니라는 사실 때문에 죄를 범하는 것입니다. [그런데 세속적 사법권이 예배에까지 확장된다면] 양심이 항거하고 비난하는데도 [범죄적인 의례들이] 하나님을 예배하는 자들에게 받아들이도록 강요되지 않겠습니까? 물의 살포[성수를 뿌리는 예식], 빵과 포도주의 사용은 그 본성상, 그리고 공동의 삶에서 무엇보다도 중립적인 것들입니다. 그렇다고 해서 이것들을 거룩한 사용에 도입하는 것과 신성한 예배의 일부가 되게 하는 것이 신성한 [하나님의] 계획 없이 가능하겠습니까? 만약 그 어떠한 사람이 혹은 세속 권력이 [하나님의 계획 없이] 그것을[의례의 도입을] 할 수 있었다면, 거룩한 모임에서 [빵 대신에] 물고기를 먹고 [포도주 대신에] 맥주를 마시는 것, 도살된 짐승의 피를 성전에서 뿌리는 것, 물과 불로 깨끗이 하는 것, 그리고 그러한 방식의 끝없이 많은 다른 것들을 역시 신성한 예배의 일부로 [사용하도록] 명령할 수 있지 않겠습니까? 그것들이 종교의 바깥에서 그 얼마나 중립적일지라도, 그것들이 신성한 권위 없이 거룩한 의례로 채택될 때에는 개를 제물로 바치는 것과 마찬가지로 하나님에게 혐오스러운 것입니다. 하나님께서 성사에서, 그리고 자신에 대한 예배에서 이러한 종류의 동물이 사용되는 것을 원하고 저러한 동물이 사용되는 것을 원하지 않는 경우를 제외하면, 강아지와 염소 사이에 신성한 본성의 측면에서 무슨 차이가 있겠습니까? 그러므로 당신은 중간에 놓여 있는 것들을 봅니다. 그것들이, 비록 세속 권력에 예속되어 있을지라도, 그의 이름으로 거룩한 의례에 도입되고 종교적인 회합들에 부과될 수는 없습니다. 왜냐하면 거룩한 예배에서 그것들은 즉시 중립적이기를 멈추기 때문입니다. 하나님을 예배하는 자는 그분을 기쁘게 하고 그분의 호의를 얻는다는 생각으로 섬깁니다. 그러나 하나님이 [직접] 명령하지 않았기 때문에 그 신성을 기쁘게 하지 못할 것임을 스스로 믿는 것을 타인의 명령에 따라 하나님께 바치는 사람은 하나님을 제대로 섬길 수 없습니다. 그것은 하나님을 진정시키는 것이 아니라, 결코 예배의 이유와 함께 존재할 수 없는 공개적인 모욕으로써 의식적으로 영악하게 도발하는 것입니다.

당신은 이렇게 말할 것입니다. 만약 어떤 것도 신성한 예배에서 인간의 결정에 남아 있지 않다면, 어떻게 해서 교회들 자체에 시간과 장소 등에 관해 결정할 권한이 주어져 있는가? 저는 대답합니다. 종교적인 예배에서 예배의 일부인 것과 예배의 부대 사항인 것을 구분해야 합니다. 예배의 일부는 하나님에 의해 요구된 것이고 하나님을 기쁘게 하는 것이라고 여겨지는 것입니다. 그러므로 그것은 어디에서나 필수적인 것이 됩니다. 부대 사항 역시 일괄적으로 예배에서 제거될 수는 없지만, 그것의 일정한 형태들은 정해져 있지 않습니다. 그런 까닭에 그것은 중립적인 것입니다. 그러한 종류에 속하는 것으로는 예배의 장소와 시간, 복장과 신체의 자세가 있습니다. 왜냐하면 그것들에 관해서는 신성한 의지가 아무것도 명령하지 않았기 때문입니다. 예를 들면, 시간과 장소, 그리고 성사를 행하는 자들의 외형이 유대인에게는 단순한 부대 사항이 아니었으며 오히려 예배의 일부여서, 만약 그것들 중에서 어느 것이든 결함이 있거나 변형되면 그들은 자신들의 성사가 하나님에게 환영받고 받아들여질 것을 기대할 수 없었습니다. 그러나 복음의 자유를 가지고 있는 그리스도인에게는 그것들이 순전히 예배의 부대 사항입니다. 예배의 부대 사항은 그것들이 이러저러한 방식으로 질서 있고 아름답게 교육하는 데에 가장 잘 봉사한다고 믿는 바에 따라 그리스도인과 교회의 숙고를 통해 관습으로 도입할 수 있습니다. 그러나 복음 아래 하나님이 주의 날을 자신의 예배를 위해 따로 떼어놓았다는 것을 확신하는 사람들에게 이 시간은 부대 사항이 아니라 오히려 신성한 예배의 일부이며, 그것은 변경될 수도 소홀히 여겨질 수도 없는 것입니다.

나. 통치자는 개개 교회의 거룩한 의례들과 그 교회에 수용된 예배 형식을 종교적인 회합에서 〔사용하지 못하도록〕 금지할 수 없습니다. 왜냐하면 그렇게 함으로써 그는 교회 자체를 없애게 되기 때문입니다. 교회의 목적은 하나님을 자신에게 자유로운 방식으로 섬기는 것입니다. 당신은 이렇게 말할 것입니다. 그렇다면, 만약 어린아이를 제물로 바치기를 원한다면, 만약 한때 그리스도인들에게 잘못 비난이 가해졌던 것처럼 혼음混淫에 뛰어들기를 원한다면, 이러한 일들과 다른 여타의 일들도 그것들이 종교적인 회합에서 행해지기 때문에 통치자에 의해 관용되어야 하는가? 저는 이렇게 대답합니다. 이러한 일들은 집에서도 시민적 생활에서도 허락되지 않습니다. 그러므로 그것들은 종교적인 회합에서도 예배에서도 허락되지 않습니다. 그러나 만일 송아지를 제물로 바치고자 할 때, 그것이 법으로 금지될 수 있음을 저는 부정합니다. 멜리보이아 사람Meliboeus은 집에서 자신의 송아지를 도축할 수 있으며33, 또한 어느 부분이든 원하는 부위를 불로 태울 수 있습니다. 이로써 어떠한 불의도 행해지지 않습니다. 타인의 재산에서 어떠한 것도 박탈되지 않습니다.

따라서 신에 대한 예배에서 송아지를 도살하는 것 역시 마찬가지로 허락됩니다. 하나님이 기뻐하시는지를 보는 것은 각자의 일입니다. 통치자에게 속하는 일은 오직 공화국이 피해를 입지 않도록 주의하는 것이고[34], 타인의 생명과 재산에 피해가 생기지 않도록 주의하는 것입니다. 그리고 각자는 향연에 지출할 수 있는 만큼[의 돈을] 희생 제사에도 지출할 수 있습니다. 그러나 만약 어떤 전염병으로 죽어버린 소 떼를 비축하기 위해서 모든 소의 피를 아끼는 것이 공익적 관점에서 요구되는 상황이라면, 모든 신민에게 그 어떠한 용도로 그 어떤 송아지를 도살하는 것도 금지하는 것이 통치자에게 허락됨을 누가 보지 못합니까? 그러나 이 경우에 법은 종교적인 사안에 대해 만들어지는 것이 아니라, 정치적인 사안에 대해 만들어지는 것입니다. 송아지를 희생 제물로 바치는 것이 금지되는 것이 아니라, 송아지를 도살하는 것이 금지되는 것입니다. 이제 당신은 교회와 공화국 사이에 어떤 차이가 있는지를 보게 될 것입니다. 공화국에서 합법적인 것은 교회에서도 통치자가 금지할 수 없습니다. 무엇이든지 다른 신민들에게 일상적으로 이용하는 것이 허락되어 있는 것이면 종교적 회합에서 사용되는 것도, 그리고 이러저러한 종파의 비교 전수자들에 의한 거룩한 사용[종교적인 방식의 사용]도 어떠한 방식으로든 법으로 막을 수 없으며 그래서도 안 됩니다. 어떤 사람이 만약 집에서 합법적으로 빵과 포도주를 식탁 앞에 비스듬히 누워서 혹은 무릎을 꿇고서 먹을 수 있다면, 세속 법은 그가 같은 것을 성사聖事에서 행하는 것을, 비록 그곳에서 포도주와 빵은 아주 다르게 사용되며 교회에서 신에 대한 예배와 비밀스러운 의미들로 변이되더라도 결코 금지해서는 안 됩니다. 그 자체로 국가에 해로운 것들, 공동의 선을 위해 제정된 법률에 의해 공동의 생활에서 사용이 금지되는 것들은 교회에서도 사용될 수 없으며〔사용하는 경우〕또한 처벌을 면할 수 없습니다. 그러나 통치자는 시민적 유익이라는 구실을 어떤 교회의 자유를 억압하기 위해 남용하지 않도록 매우 주의해야 합니다. 반대로 보통의 생활에서 허락되고 하나님에 대한 예배 바깥에서 허락된 것들은 신에 대한 예배에서나 성스러운 장소에서 결코 세속 법에 의해 금지될 수 없습니다.

당신은 이렇게 말할 것입니다. 만약 어떤 교회가 우상을 숭배하는 교회라면, 그 교회도 통치자에 의해 관용되어야 하는가? 저는 대답합니다. 어떤 권리가 적시 적소에서도〔남용되기 매우 용이한 상황에서도〕정통 교회는 몰락시키지 않으면서 단지 우상을 숭배하는 교회만을 억압하도록 통치자에게 부여될 수 있겠습니까? 정치적 권력civilis potestas은 어디에서나 동일하며, 모든 군주에게는 자신의 종교가 정통 종교임을 기억해야 합니다. 그러므로 만약 종교적인 사안에 관해 세속 통치자에게 권력이 부여된다면, 마치 제네바에서처럼 잘못된 것으로 혹은 우상을 숭배하는 것으로 간주된 종교를 무력과 피로써 근절하는 권력이 부여된다면, 이웃 나라에서 〔다른 군주는〕 동일한 권리를 가지고서 〔이 나라에서〕 정통인 종교를 탄압할 것이고 인도의 여러 나라에서는 그리스도교를 탄압할 것입니다. 정치적 권력은 종교에 관한 모든 것을 군주의 견해에 맞게 바꿀 수 있거나, 아니면 아무것도 바꿀 수 없습니다. 만약 그 어떤 것이 법으로써, 무력으로써, 처벌로써 거룩한 것들 속에 도입되는 것이 허락된다면, 〔교회와 국가의〕 경계境界는 헛되이 추구되며 동일한 무기를 가지고서 통치자가 스스로 만든 진리의 규범에 모든 것을 맞추도록 요구하는 것이 허락될 것입니다. 어떤 사람도 종교적인 이유로 자신의 세속 재산을 파괴당해서는 안 되며, 그리스도인 군주에게 예속된 아메리카인들도 그들이 그리스도교를 수용하지 않는다는 이유로 생명과 재산을 박탈당해서는 안 됩니다. 만약 조상들의 의례들을 통해 그들이 하나님을 즐겁게 하며 구원받은 자가 된다는 것을 스스로 믿는다면, 그들 〔의 영혼의 구원〕은 그들 자신에게, 그리고 하나님에게 맡겨져야 합니다.

문제를 기원에서부터 다시 되짚어봅시다. 이교도들의 지역에 모든 것이 결핍된 일단의 적은 수의 무기력한 그리스도인들이 옵니다. 이 이방인들은 원주민에게, 인간이 인간에게 〔요구하듯 그들과〕 같아질 수 있도록, 생활의 원조를 요구합니다. 필요한 것들은 제공되고, 거주할 장소가 허락되며, 두 종족은 하나의 인민으로 연합합니다. 그리스도교는 뿌리를 내리고 널리 퍼지지만, 아직은 더 강한 종교가 아닙니다. 지금까지는 평화, 우정, 믿음이 존중되고, 공정한 법률이 지켜집니다. 마침내 그리스도인이 통치자가 되자, 그리스도교는 더 강한 종교가 되었습니다. 이제 우상숭배를 제거하기 위해 약속을 짓밟고 법률을 침해합니다. 그리고 이교도들이 예로부터 전해져온 의례를 버리고 낯설고 새로운 의례들을 받아들이기를 원하지 않는다면, 착하고 법을 누구보다도 잘 지키는 이교도들은, 좋은 도덕과 시민적 법을 결코 위반하지 않는 이교도들은 그들의 생명과 재산, 그리고 조상에게서 물려받은 땅을 빼앗기게 됩니다. 교회를 위한 열정이, 당연히 지배에 대한 사랑과 결합된 열정이 결국 무엇을 알려주는지는 분명히 밝혀져 있습니다. 그리고 얼마나 간편하게 강탈과 야심이 종교와 영혼의 구원(이라는 명목)으로 장식되는지는 공개적으로 증명됩니다.

만약 법으로, 처벌로, 불과 검으로 어느 곳에서든지 우상숭배를 근절할 수 있다고 믿는다면, 이름을 바꿔 당신에 관한 이야기를 서술해(그 탄압의 대상에 당신의 이름을 넣어) 보십시오.[35] 실로 아메리카에 사는 이교도들이 그들의 소유를, 유럽의 어느 왕국에서 군주의 교회와 어떤 방식으로든지 일치하지 않는 그리스도인들이 빼앗기는 것과 비교해, 결코 더 정당하게 빼앗기지는 않습니다. 또한 이곳보다 저곳에서 정치적 권리가 종교에 근거해 더 침해되거나 변경되어도 되는 것은 아닙니다.

당신은 이렇게 말할 것입니다. 우상숭배는 죄악이므로 관용될 수 없다. 저는 대답합니다. 만약 당신이 '우상숭배가 죄악이다, 그러므로 열심을 다해 막아야 한다'고 말한다면, 당신은 전적으로 올바르게 추론하고 있는 것입니다. 그러나 만약 '그것이 죄이고, 그러므로 통치자에 의해 처벌받아야 한다'고 말한다면, 당신이 [이번에도] 마찬가지로 올바르게 추론하고 있는 것은 아닙니다. 왜냐하면 통치자가 하나님에 대한 죄가 된다고 믿는 모든 것에 대하여 법률로써 조심시키고 자기 검을 뽑는 것이 통치자에게 속한 일은 아니기 때문입니다. 탐욕, 타인의 곤궁을 돕지 않는 것, 게으름, 그리고 이와 같은 형태의 다른 많은 것들은 모든 사람이 동의하는 죄입니다. 그러나 일찍이 누가 [그렇다고 해서 그것들이] 통치자에 의해 교정되어야 한다고 생각했습니까? [그렇게 생각하지 않는 것은] 타인의 소유물에 어떠한 피해도 생기지 않기 때문이며, 이 죄악들이 공공의 평화를 해치지 않기 때문입니다. 그것들이 죄악으로 간주되는 곳에서도 법률의 검열에 의해 억제되지는 않습니다. 신성에 대한 도전이나 자기 명예를 실추시키는 범죄가 아니라 공화국에 대한 위협이나 이웃에 대한 불의가 고려되는 특정한 경우들을 제외하면 법률은 거짓말에 대해, 심지어 위증에 대해서도 도처에서 침묵합니다. 그리고 만약 이교도 군주나 이슬람교도 군주에게 그리스도교가 그른 것으로, 신을 거스르는 것으로 보인다면, 그리스도인들도 마찬가지로 동일한 권리로써, 그리고 동일한 방식으로써 박멸되어야 합니까?

당신은 이렇게 말할 것입니다. 모세법에 따라 우상숭배자들은 제거되어야 한다. 저는 이렇게 대답합니다. 분명히 모세법에 따라 그렇게 하는 것이 옳습니다. 그러나 모세법은 어떠한 방식으로도 그리스도인들을 구속하지 않습니다. 당연히 당신은 법으로 유대인에게 부과된 모든 것을 예로 끌어들이지 않을 것입니다. 또한 자주 사용되는, 그러나 이 경우에는 유용하지 않은, 도덕법leges moralis과 사법적 법leges judicialis과 의례법leges ritualis의 차이를 끌어들이는 것도 당신에게는 소용이 없을 것입니다.[36] 왜냐하면 실정법lex positiva은 그 법이 부과된 대상 외에 그 어느 누구도 구속하지 않기 때문입니다. '들어라, 이스라엘아'라는 말이 충분하게 모세법의 구속을 그 민족에 제한합니다.[37] 이것 한 가지로도 모세법에 의거해 우상숭배자들에게 벌금형을 부과하려는 사람들에 대한 반론으로 충분할 것입니다. 그러나 이 주장을 조금 더 자세히 검토하고 싶습니다.

유대 공화국의 관점에서 봤을 때, 우상숭배자의 종류에는 두 가지가 있습니다. 첫째, 모세법이 정한 의례에 따라 〔그 종교공동체에) 가입한 자들과 바로 이 공화국의 시민이 된 자들이 이스라엘의 하나님에 대한 예배로부터 멀어지는 경우입니다. 이들은 대역죄를 범한 매국노와 반역자처럼 취급됩니다. 왜냐하면 유대인들의 공화국은 다른 공화국들과는 아주 달라서, 사실 그 공화국은 신정theocratia으로 세워졌기 때문입니다. 마치 그리스도가 태어난 이후처럼, 교회와 공화국 사이에 어떠한 차이가 있지도 않았고 있을 수도 없었습니다. 보이지 않는 유일한 신성을 그 종족 안에서 예배하는 일에 관한 법률은 곧 시민적 법률이었고 하나님 자신이 입법자인 정치적 통치의 부분이었습니다. 만약 당신이 이 법에 따라 세워진 공화국이 (오늘날) 그 어디에 있는지를 보여줄 수 있다면, 저는 그 공화국에서 교회법이 세속법으로 변한다고 인정할 것입니다. 그리고 모든 신민들을 이방인의 예배 방식과 낯선 의례들로부터 통치자의 검으로 가로막을 수 있으며 또한 가로막아야 함을 저는 인정할 것입니다. 그러나 복음 아래(신약 시대 이후) 그리스도교 공화국과 같은 것은 결단코 없습니다. 그리스도교 신앙으로 개종한 왕국들과 도시국가들이 많이 있음을 저는 인정합니다. 그러나 그 나라들은 옛 공화국의 형태와 옛 통치의 형태를 보유하고 간직하고 있습니다. 그 형태에 관해 그리스도는 자신의 법을 통해 어느 것도 정하지 않으셨습니다. 그 법을 통해 그리스도는 다만 믿음을 가르치셨습니다. 그 믿음의 도덕을 통해, 죽을 수밖에 없는 개인들이 영원한 삶을 얻을 수 있습니다. 그러나 그리스도는 어떠한 공화국도 세우지 않으셨습니다. 어떠한 새롭고 자신의 백성에게 특수한 국가의 형태도 도입하지 않으셨습니다. 또한 그리스도는 어떠한 통치자도 사람들을 하나님이 자기 백성에게 제정한 믿음이나 예배로 강제하거나 이방 종교에 의해 성립된 것들을 금지하는 검으로 무장시키지 않으셨습니다.

둘째, 외국인들과 이스라엘 공화국과 무관한 자들은 무력으로써 모세의 의례로 전향하도록 강제되지 않았습니다. 우상숭배하는 이스라엘인들에게는 죽음이 위협적으로 언도된다는, 〈출애굽기〉 22장 20~21절, 바로 그 조항에 따라 오히려 이방인을 〔내쫓지 않고 붙잡아두면서〕 괴롭히거나 억압하지 말아야 한다고 법으로 경고됩니다. 이스라엘인들에게 약속된 땅을 소유하고 있던 일곱 종족이 완전히 전멸되어야 했음을 저는 인정합니다. 그러나 그러한 일이 일어난 것은 그들이 우상숭배자가 되어서가 아닙니다. 만약 우상숭배 때문이었다면, 왜 모압 사람들과 다른 민족들은 역시 우상숭배자들이었는데도 무사했습니까?[38] 하나님은 특별한 방식으로 히브리 백성의 왕이었으므로, 자신의 왕국, 그러니까 가나안 사람의 땅 안에서, 대역죄인 다른 신을 숭배하는 것을 참을 수 없었던 것입니다. 그와 같은 형태의 분명한 결함〔우상숭배〕은 바로 그 땅에서 분명히 정치적이었던 여호와의 지배와 어떠한 방식으로도 함께 존속할 수 없었습니다. 그러므로 모든 우상숭배는 왕국의 경계에서 쫓겨나야 했습니다. 왜냐하면 [우상숭배는 정당한] 지배의 권리jus imperii에 반하여 다른 왕, 곧 다른 신을 인정하는 것이기 때문입니다. 이스라엘 사람들에게 비어 있고 온전한 재산으로 주어지기 위해 [그 땅의] 거주민들 역시 쫓겨나야 했습니다. 같은 이유로 에밈 사람과 호리 사람들이 에서와 롯의 후손들에 의해 멸망되었습니다.[39] 그들의 땅은, 마찬가지의 권리로, 하나님에 의해 침략자들에게 주어졌습니다. 그것이 〈신명기〉 2장을 읽은 사람에게는 쉽게 이해될 것입니다. 그러므로 모든 우상숭배를 가나안 땅의 경계에서 내쫓는 것은 허용되지만, 모든 우상숭배자를 처벌하는 것은 허용되지 않습니다. 여호수아는 라합의 온 가족과 기브온 족속의 모든 백성을 조약에 따라 보호했습니다.[40] 히브리인들 사이에는 우상을 숭배하는 포로들이 도처에 있었습니다. 약속된 땅의 경계 너머 유프라테스에까지 이르는 지역 역시 다윗과 솔로몬에 의해 정복되었고 그들의 관할구역이 되었습니다. 그 많은 노예들 중에, 히브리인들의 권력에 복속된 그 많은 백성들 중에 어느 누구도 결코, 우리가 성서를 읽어보면 그들은 모두 분명히 우상숭배자였지만, 우상숭배 때문에 징벌을 받지는 않았습니다. 어느 누구도 무력과 처벌을 통해 모세의 종교를 받아들이고 참 하나님을 예배하도록 강요당하지 않았습니다. 만약 어떤 사람이 유대교로 개종함으로써 시민권을 얻기를 원했다면, 그는 이스라엘 국가의 법과 종교를 동시에 받아들였습니다. 오히려 그는 그것을 스스로 원해서 했지, 명령하는 자의 무력에 의해 강제로 하지 않았습니다. 그는 그것을 마치 특권처럼 욕심을 내며 원했지, 억지로 복종의 증거로 받아들이지 않았습니다. 그는 시민이 됨과 동시에 공화국의 법률에 구속되었는데, 그 법률에 따르면 가나안 땅의 경계 안에서는 우상숭배가 금지되었습니다. 바깥 지역들과 그 경계선 너머에 사는 사람들에 관해서는 아무것도 〔이스라엘의〕 법을 통해 제정되지 않았습니다.

외적인 예배에 대해서는 이 정도로 그치고, 이제 신앙에 대해 다뤄봅시다.

(2) 신앙의 자유

교회의 교리 가운데 어떤 것들은 실천적인 교리이고 또 어떤 것들은 사변적인 교리입니다. 물론 두 가지 모두 진리의 인지에 근거하고 있습니다만, 사변적인 교리는 의견과 생각에서 끝나고, 실천적인 교리는 어떠한 방식으로든지 실행에 대한 의지와 행실에까지 영향을 끼칩니다. 그러므로 사변적인 교리와 (사람들이 부르는 대로) 신조articulos fidei는 믿는 것 외에 그 어떤 것도 요구하지 않으며, 세속법은 어떠한 방식으로도 교리와 신조를 그 어느 교회에 도입할 수 없습니다. 왜냐하면 아무리 많이 그 무엇을 하기를 원하더라도 그것을 실제로 할 수 없다면, 그것을 법으로써 규정하는 것이 도대체 무슨 의미가 있겠습니까? 이것이나 저것을 진리라고 믿는 일은 우리의 의지 안에 있지 않습니다. 그러나 이것에 관해서는 앞에서 이미 충분히 이야기했습니다. 자, 이제 자기가 믿는 것을 고백하도록 합시다. 그러면 어련히 자기 영혼의 구원을 위해 하나님과 사람들에게 거짓말하겠습니까! 〔하나님과 사람에게 거짓말하는 종교가〕 참으로 아름다운 종교이겠습니다! 만약 통치자가 그렇게 법을 제정해 사람들을 구원하기를 원한다면, 그는 구원의 길이 어떤 것인지를 거의 이해하지 못하는 것처럼 보입니다. 그런데 만약 그가 사람들이 구원받는 것을 위해 그렇게 하는 것이 아니라면, 도대체 무엇 때문에 종교의 조항들에 관해 법으로써 명령할 정도로 간절한 것입니까?

더 나아가 통치자는 그 어떤 사변적인 견해들을 그 어떤 교회에서 보유하고 가르치는 것을 금지해서는 안 됩니다. 왜냐하면 사변적인 견해들은 신민의 시민적 권리들과는 전혀 관련이 없기 때문입니다. 만약 교황주의자가 다른 사람들이 빵이라고 부르는 것을 참으로 그리스도의 몸이라고 믿는다고 해도[41], 이로써 그는 이웃에게 어떤 불의도 행하지 않습니다. 유대인이 신약성서가 하나님의 말씀임을 믿지 않는다고 하더라도, 그는 그 생각으로 다른 사람의 어떠한 시민적 권리도 변경하지 않습니다. 만약 이교도가 신구약성서 모두를 의심하더라도, 그것 때문에 그가 정직하지 못한 시민이라고 처벌받아서는 안 됩니다. 어떤 사람이 이러한 것들을 믿거나 혹은 믿지 않거나 간에 상관없이, 통치자의 권력과 시민들의 재산은 잘 보호될 수 있습니다. 이러한 생각들이 잘못된 견해이고 어리석은 견해임을 저는 기꺼이 인정합니다. 그러나 특정한 의견의 진리성에 관해 법률은 관여하지 않습니다. 그러나 각 사람의 재산과 공화국의 보호와 안전에 관해서는 관여합니다. 분명히 이것은 애석해할 일이 아닙니다. 진리성의 문제가 일단 진리 자신에게 맡겨진다면, 여행을 떠난 진리와 함께 사태는 잘 해결될 것입니다. 진리를 항상 인식하지도 못하고 환영하지도 않는 강력한 지배자는 진리에 결코 조금의 도움도 주지 않았으며 앞으로도 주지 않을 것입니다. 진리는 사람들의 정신으로 가는 입구를 찾기 위해 무력을 필요로 하지 않으며, 법률의 목소리를 통해 가르치지도 않습니다. 오류는 빌린 도움, 외부의 도움을 통해 다스립니다. 진리는, 만약 자신의 빛으로써 지성을 자기에게 이끌어오지 못한다면, 그 어떤 낯선 신체적 힘으로도 그렇게 할 수 없습니다. 그러나 이것에 관해서는 이 정도까지 이야기하겠습니다. 이제 실천적인 의견으로 넘어가야 합니다.

종교와 신실한 신앙의 결코 적지 않은 부분을 이루는 행실의 올바름은 또한 시민적 삶과 연관되어 있어서 영혼의 구원과 동시에 공화국의 안녕이 거기에 달려 있습니다. 그러므로 도덕적인 행위들은 외면의 법정forum externum과 내면의 법정forum internum 모두에 속합니다.[42] 또한 도덕적 행위들은 정치적 지도자와 개인적 지도자, 곧 통치자의 지배와 양심의 지배 모두에 예속되어 있습니다. 그러므로 여기에서 하나가 다른 하나의 권리를 침해하지 않도록, 그리고 평화의 수호자와 영혼의 수호자 간에 다툼이 생겨나지 않도록 조심해야 합니다. 그러나 위에서 제가 공화국과 교회의 경계에 관해 이야기한 내용이 제대로 검토된다면, 이러한 모든 것이 쉽게 정리될 것입니다.

모든 필사의 존재는 영원히 행복할 수도 있고 영원히 불행할 수도 있는 불멸의 영혼을 가지고 있습니다. 그리고 영혼의 구원은 사람이 이 세상에서 살면서 신의 환심을 사기 위해 필수적이며 하나님에 의해 처방된 마땅히 해야 할 일들을 행했는지, 마땅히 믿어야 할 것들을 믿었는지에 달려 있으므로, 그것에 다음과 같은 결론이 뒤따릅니다. ① 사람은 모든 것에 앞서 이것들〔마땅히 믿고 행해야 할 것들〕을 지킬 의무가 있으며 자신의 모든 관심과 열심, 근면을 무엇보다도 탐구하고 수행해야 할 이것들에 두어야 합니다. 왜냐하면 필사의 조건은 영원성에 어떠한 방식으로든지 견줄 만한 것을 전혀 가지고 있지 않기 때문입니다. ② 사람이 자신의 오류투성이 예배로는 다른 사람들의 권리를 어떻게도 침해하지 않으므로, 신성한 사안에 관해 다른 사람과 함께 올바르게 생각하지 않는 것이 다른 사람에게 불의를 행하지 않으므로, 그리고 그의 멸망이 다른 사람의 번영에 손해가 되지 않으므로, 자기의 구원을 돌보는 일은 오로지 각자에게 속합니다. 그러나 이 말이 마치 제가 모든 애정 어린 충고와 오류를 논박하는 자들의 열심을 배제하기를 원하는 것처럼 받아들여지지 않기를 바랍니다. 그것들은 그리스도인의 최상의 의무입니다. 권고와 논증은 그것을 다른 사람의 영혼에 제아무리 많이 사용하기를 원하더라도 모두에게 허락됩니다. 그러나 무력과 강제는 없어야 합니다. 그곳에서는 지배를 위한 어떠한 것도 이루어져서는 안 됩니다. 어느 누구에게도 이 일에 관해 자기 자신에게 납득되는 것 이상으로 다른 사람의 충고나 권위를 따를 의무는 없습니다. 자신의 구원에 관해서는 각자에게 최고이자 최종적인 판단권이 있습니다. 왜냐하면 이 경우에는 자기 자신만이 오로지 사안으로서 다루어지고, 다른 사람은 그 판단에 의해 어떠한 피해도 입을 수 없기 때문입니다.

사람들에게는 불멸의 영혼 외에 이 세상에서의 삶이 있습니다. 그것은 분명 타락하기 쉽고 그 지속 역시 불확실합니다. 이 세상에서의 삶의 유지를 위해서는 노동과 근면을 통해 모아야 하는 혹은 이미 모은 지상의 편의가 필요합니다. 잘살고 행복하게 살기 위해 필요한 것들은 저절로 생겨나지 않기 때문입니다. 이러한 사실에서 알 수 있듯이 사람들에게는 이러한 것들과 관련해 다른 사람의 도움이 필요합니다. 그러나 자기 자신의 노동을 통해 얻은 것보다 다른 사람의 노동을 통해 얻은 열매를 취하기를 기꺼이 원하는 것이 대부분의 사람이 가지고 있는 고약한 마음씨이기 때문에 사람들은 자신이 얻은 것, 즉 부와 능력, 또는 획득한 것들, 그리고 신체의 자유와 힘을 지킬 목적으로 다른 사람들과 함께 사회에 들어가야 합니다. 상호부조와 힘의 결합을 통해 〔이 세상에서의〕 삶에 유용한 이러한 것들의 사적이고 안전한 소유가 각자에게 가능해집니다. 그러는 중에도 자신의 영원한 구원을 돌보는 것은 각자의 소관 사항으로 남아 있습니다. 왜냐하면 다른 사람의 근면이 나의 영원한 구원의 획득을 도울 수 없으며, 다른 사람의 〔영원한 구원의〕 상실이 나의 멸망으로 이어질 수 없고, 〔영원한 구원에 대한〕 희망이 그 어떤 무력을 통해서도 나에게서 제거될 수 없기 때문입니다. 그러나 시민사회로 들어간 사람들이, 비록 그들이 이 삶에서 필요한 것들을 상호 원조를 통해 방어하기 위해 조약을 맺었다 할지라도, 동료 시민의 강탈과 사기에 의해 혹은 외부의 적대적인 공격에 의해 그들의 것을 얼마든지 빼앗길 수 있습니다. 후자의 악에 대한 치료약은 무기, 부, 그리고 다수 시민들에서 찾을 수 있고, 전자의 악에 대한 치료약은 법에서 찾을 수 있습니다. 이 모든 것들에 대한 관심과 권력은 사회에 의해 통치자에게 맡겨져 있습니다. 모든 공화국의 최고 권력인 입법권은 이러한 기원을 가졌고[43], 이러한 용도로 세워졌으며, 이러한 울타리 안에 국한됩니다. 즉 개개인의 사적인 소유를 돌보기 위해, 그리고 모든 인민과 그들의 공적인 편리를 돌보기 위해, 그렇게 함으로써 평화와 부를 북돋고 증진하고 다른 사람들의 침략에 맞서 가능한 한 자기 힘으로 지키기 위해서입니다.

이것이 확정되었으므로, 법을 제정하는 통치자의 대권 praerogativa이 어떠한 목적에 따라 인도되어야 하는지가 쉽게 이해될 수 있습니다. 그 목적은 바로 땅에서의 혹은 세상에서의 공공 재산〔의 보호〕입니다. 그것이 사회에 들어가는 유일한 이유이며 세워진 공화국의 유일한 목적입니다. 반면에, 장차 올 삶을 기대하는 것에 관해서는 각자의 자유가 사인들에게 주어져 있습니다. 즉 하나님의 기뻐 받으심에 사람들의 구원이 달려 있으므로, 각자는 자신이 하나님을 기쁘게 한다고 믿는 것을 〔자신의 구원을 위해〕 행할 수 있습니다. 첫 번째 순종은 하나님에게 바쳐야 하고, 그다음으로 법에 순종을 바쳐야 합니다. 하지만 당신은 이렇게 말할 것입니다. 통치자의 칙령이 사적인 양심에 불법적인 것처럼 보이는 것을 명령한다면 어떻게 해야 하는가?[44] 저는 이렇게 대답합니다. 만약 공화국이 좋은 믿음에 따라 다스려지고 통치자의 고문들이 참으로 시민들에게 공통된 선을 향하여 인도된다면, 그러한 일은 거의 일어나지 않을 것입니다. 그러나 만약 우연히 그러한 일이 일어난다면, 저는 사인에게 자신의 양심이 불법적인 것이라고 말하는 행동과 거리를 두어야 한다고 말하겠습니다. 그러나 불법적이지 않게 자신에게 부과되는 처벌은 감수해야 한다고 저는 말하겠습니다. 왜냐하면 정치적인 사안에서 공공선을 위해 제정된 법률에 대한 개개인의 사적인 판단이 복종의 의무를 제거하지 않을 뿐만 아니라 관용의 마땅한 대상도 아니기 때문입니다. 그러나 만약 법이 통치자의 영역 바깥의 사안에 관해 제정되어 있다면, 즉 인민혹은 인민의 어느 일부분으로 하여금 낯선 종교를 수용하도록, 그리고 다른 종교의 의례들을 행하도록 강제한다면, 그래서 다르게 생각하는 사람들이 법에 따라서는 그것들을 지키지 않는 것처럼 되어버린다면 어떻게 해야 하는가? 정치 사회는 오로지 현세의 것들에 대한 소유를 모든 사인에게 지켜주기 위한 목적 말고 다른 목적으로는 전혀 세워지지 않았기 때문에 사인의 영혼과 천상의 일들을 돌보는 것은 국가에 속하지 않으며 국가에 예속될 수도 없으므로 모든 사인에게 유보되며 귀속됩니다. 그러므로 생명의 보호와 현세를 위해 기대하는 것들의 보호는 국가의 소관입니다. 그리고 그것들을 그 소유자에게 보존해주는 것이 통치자의 의무입니다. 따라서 이 세상의 것들이 통치자의 마음대로 이 사람으로부터 박탈되고 저 사람에게 부여될 수 없습니다. 또한 동료 시민들 사이의 이 〔현세에 속하는〕 것들의 사적인 소유가 어떠한 방식으로도 동료 시민들에게 관계되지 않는 이유로, 즉 〔어느 사인이 믿는〕 종교를 이유로 법을 통해 결코 변경될 수 없습니다. 그 종교가 참이건 거짓이건 간에, 그 종교는 오로지 공화국에만 예속되어 있는 세속적인 사안들과 관련해 나머지 시민들에게 어떠한 불의도 끼치지 않기 때문입니다.

그러나 당신은 이렇게 말할 것입니다. 만약 통치자가 이 〔종교적인〕 것이 공공선을 위해 실행되어야 한다고 믿는다면 어떠한가? 저는 대답합니다. 각 사람의 사적인 판단이 그를 법에 대한 복종의 의무로부터 결코 면제하지 않듯이 통치자의 사적인 판단도 신민들에게 법을 제정할 새로운 권리를 그에게 더해주지 않습니다. 그러한 권리는 공화국의 헌법에 의해 그에게 부여되지 않았을 뿐만 아니라 당연히 부여될 수도 없습니다. 그러므로 다른 사람들에게서 빼앗은 전리품으로 통치자가 자기의 추종자들, 자기 종파의 신자들을 증가시키고 치장하기 위해 그러한 일을 행하는 것은 더욱 안 될 일입니다. 그러면 당신은 이렇게 물을 것입니다. 통치자는 자신이 명령하는 것이 자기 권한 안에 놓여 있으며 공화국에 유익하다고 믿지만, 신민들은 반대로 믿는다면 어떠한가? 누가 그들 사이의 심판자judex가 될 것인가? 저는 이렇게 대답합니다. 오로지 하나님만이 심판자이십니다. 왜냐하면 지상에는 입법자와 인민 사이에 어떠한 심판자도 없기 때문입니다.[45] 말하자면, 이 경우에 오로지 하나님만이 심판자입니다. 하나님만이 최후의 법정에서 각자의 업보에 대해 공공선과 평화, 그리고 신실함에 따라 진실하게, 그리고 국법과 신법이 가르치는 바대로 갚으실 것입니다. 당신은 이렇게 말할 것입니다. 그러는〔최후의 심판을 기다리는〕동안에〔이 땅에서 우리는〕무엇을 해야 하는가? 저는 대답합니다. 무엇보다도 자신의 영혼을 돌보아야 하고, 비록 황무지가 된 곳을 보고서 평화라고 믿는 사람은 적습니다만[46], 최선을 다해 평화를 추구해야 합니다. 사람들 사이의 분쟁이 해결되는 방식에는 두 가지가 있는데, 그 하나는 법을 통한 해결이고, 다른 하나는 무력을 통한 해결입니다. 그것들의 본성은 다음과 같아서 하나가 멈추는 곳에서 다른 하나가 시작됩니다. 개별 민족들의 경우에 통치자의 권리가 어디까지 확장되는지를 탐구하는 것은 제 일이 아닙니다. 제가 아는 것은 단지 심판자 없이 논쟁이 이루어지는 곳에서 어떤 일이 일어나곤 하는가입니다. 당신은 이렇게 말할 것입니다. 통치자가 더 강한 자이므로 자기 사정에 따라 믿는 바를 힘으로 관철할 것이다. 저는 대답합니다. 당신의 말은 옳습니다. 그러나 여기에서 우리가 탐구하고자 하는 것은 옳게 행동하고자 하는 사람들이 마땅히 따라야 할 규범에 관한 것이지, 의심스러운 사람들의〔부당한〕성공에 관한 것이 아닙니다.

가. 그러나 더 구체적인 것으로 내려가기 위해 첫 번째로

저는 말합니다. 사람들의 사회에 반대되고 모순되는 또는 시민사회를 보존하기 위해 필수적인 좋은 관습들에 위배되고 모순되는 어떠한 교리도 통치자에 의해 관용될 수 없습니다. 그러나 그러한 예는 각각의 교회에서 드뭅니다. 왜냐하면 사회의 기초를 명백하게 허무는 일들은 보편적인 인간 종의 판단에 따라 정죄되므로 어떠한 종파도 자기 종파의 이익, 평안, 명성을 온전히 존재할 수 없게 하는 것들을 종교적 교리로 가르쳐야 한다고 판단할 정도로 미쳐 있지는 않기 때문입니다.

나. 분명히 더 은밀한, 그러나 공화국에는 더 위험한 악은 자기 자신과 자기 종파의 사람들에게 그 어떤 고유한 대권을 시민적 법에 위배되게 남용하는 사람들이 언어적 위장을 통해 겉으로만 그럴싸하게 만들어낸 비교秘敎입니다. 당신은 어떠한 신앙도 지킬 필요가 없으며, 군주는 개개 종파에 의해 자신의 왕좌에서 축출될 수 있고, 모든 것에 대한 지배는 오로지 자기 자신에게만 속한다고 꾸밈없이 공개적으로 가르치는 사람을 어디에서도 좀처럼 발견하지 못할 것입니다. 왜냐하면 이렇게 노골적이고 공개적으로 제시된 교의는 즉각 통치자의 정신을 깨우고, 그것이 바깥으로 뻗어나가지 못하도록 공화국의 눈과 관심을 그 중심부에 숨어 있는 악으로 즉각 돌립니다. 그렇지만 다른 말들로써 위에서 언급한 것과 같은 것을 말하는 사람들이 발견됩니다. 어떠한 신앙도 지킬

필요가 없다고 가르치는 사람들이 이단설이 아니면 그 무엇을 의미하겠습니까? 그 말로써 의미하는 것은 신앙을 속이는 특권이 자기에게 부여된다는 것입니다. 자기 공동체에 낯선 모든 사람들이 이단자라고 공표되며, 혹은 주어진 상황에 따라 이단자라고 공표될 수 있기 때문입니다. 출교의 권리를 그들은 오로지 자신들의 교권 제도를 위해 주장합니다. 출교된 왕들이 왕국에 대한 권리를 상실한다는 주장이 왕들을 그들의 왕국에서 몰아내는 권력을 자신들의 것으로 만들려는 것이 아니라면 과연 무엇을 겨냥하는 것이겠습니까?[47] 지배가 은총에 기초한다는 주장은 그 주장의 옹호자들에게 모든 것들의 소유권을 마침내 부여하는 것입니다. 그러나 그들은 자신이 참으로 신실하고 믿을 만하다는 것조차 믿거나 고백하기를 원치 않을 정도로 심하게 자신에게 부족함이 있는 사람들입니다. 자기 자신이 신실하고 종교적이며 정통이라고 하면서, 시민적 사안에서 자기 자신에게 나머지 필사의 존재들에 비해 그 어떤 특권이나 권력을 부여하는, 그리고 자기 교회 공동체에 낯선 또는 어떤 방식으로든지 분리되어 있는 사람들에 대한 그 어떤 권력을 종교의 미명하에 자신에게 주장하는 이러저러한 교리들은 따라서 통치자에 의해 관용되기 위한 어떠한 권리도 가질 수 없습니다. 종교에 관해서 자신들과 다른 생각을 가진 사람들도 관용되어야 한다는 것을 가르치려고 하지 않는 교리들이 통치자에 의해 관용되기 위한 어떠한 권리도 가질 수 없는 것과 같습니다. 그러므로 이러저러한 모든 것들이, 어떠한 기회가 주어지건 간에, 공화국의 법률과 시민들의 자유와 재산을 공격하려는 것 외에 무엇을 가르치는 것이겠습니까? 또한 그것은 스스로 그 일을 감행하기에 충분한 부대와 힘을 가지게 될 때까지 호의와 자유가 자신에게 주어지기를 통치자에게 바라는 것입니다.[48]

다. 어느 교회에 들어가는 것이 그 자체로 다른 군주와 보호clientela 및 복종의 관계를 맺는 것을 의미하는 교회는 통치자에 의해 관용될 권리를 가질 수 없습니다. 왜냐하면 이러한 방법으로 통치자는 자신의 〔영토적〕 경계와 도시들 안에서 외부의 사법권에 자리를 내어주게 되며, 자기 공화국에 맞서 싸울 병사들을 자신의 시민들 중에서 징발하도록 내버려두게 되기 때문입니다. 세속 법정과 교회 간의 구분은 이러한 악에 그 어떤 치료약도 가져다주지 못하는 쓸모없고 잘못된 것입니다. 왜냐하면 두 가지〔법정과 교회〕모두 동일한 사람의 절대적 명령권에 똑같이 종속되어 있기 때문입니다. 그 한 사람은 무엇이든지 자기가 원하는 것을 영적인 것 그 자체라고 또는 영적인 것에 관계된 그 무엇이라고 자기 교회의 사람들에게 설득할 수 있을 뿐만 아니라, 더 나아가 영원한 불의 처벌〔이라는 명목〕아래 명령할 수 있습니다. 어떤 사람이 만약 콘스탄티노플의 무프티[49]에게 맹목적인 복종을 빚지고 있다고 인정한다면, 자기 자신이 단지 종교적으로만 이슬람교도이며 그 외에는 그리스도인 통치자의 신실한 신민이라고 말하는 것은 헛된 것입니다. 왜냐하면 무프티 역시 오스만 황제에게 전적으로 복종해야 하는 사람으로서 황제의 의지에 따라 자기 종교의 날조된 신탁을 일으키기 때문입니다. 그리스도인들 사이의 이 투르크인이, 만약 그가 동일한 사람을 자기 교회의 머리〔종교적 수장〕이자 또한 제국의 머리〔정치적 수장〕임을 인정한다면, 상당히 더 분명히 그리스도교 공화국에 대해 관계 단절을 선언할 수 있습니다.

　라. 마지막으로 신의 존재를 부정하는 사람은 어떠한 방식으로도 관용될 수 없습니다. 무신론자에게는 인간사회를 묶는 끈인 신뢰도, 약속도, 맹세도, 그 어떤 것도 안정적이고 신성할 수 없습니다. 생각만으로라도 하나님을 없애면 이 모든 것이 무너집니다. 그 밖에도 무신론으로써 모든 종교를 송두리째 없애는 사람은 종교의 이름으로 자기 자신을 위해 어떠한 관용의 특권도 주장할 수 없습니다. 나머지 실천적인 견해들에 관한 한, 비록 그것들이 모든 오류에서 자유롭지 않을지라도, 만약 어떠한 지배나 시민적 면책도 추구하지 않는다면 그것들을 가르치는 교회에 관용이 베풀어져서는 안 될 어떠한 이유도 제시될 수 없습니다.

5. 결론—종파들과 국가의 안전

이제 남은 과제는 관용에 관한 교리에 가장 큰 어려움을 가져다준다고 여겨지는 회합coetus에 관해 몇 가지를 언급하는 것입니다. 왜냐하면 회합이 일반적으로 반란의 불쏘시개이며 분리주의자들의 모의 장소라고 사람들이 말하기 때문입니다. 어쩌면 한때는 회합이 그랬을 것입니다.[50] 그러나 그렇게 여겨지게 된 것은 회합의 그 어떤 고유한 특성 때문이 아니라, 자유가 억압되거나 자유가 잘못 확립된 불운 때문입니다. 따라서 만약 관용이 마땅히 베풀어져야 할 사람들에게 관용을 허락하는 법이 제정되면, 회합에 대한 이러한 고소들은 곧바로 중지될 것입니다. 교회들이 다른 교회를 설령 그 교회가 성사에 관해 자기 교회와 다르게 생각할지라도 관용해야 하며[51] 종교적인 사안과 관련해서 어느 누구도 법이나 무력으로 강제해서는 안 된다는 법을 모든 교회가 가르쳐야 하고 자기 교회의 자유의 토대로 삼아야 합니다. 이 한 가지 원칙이 확립되면 양심의 이름으로 행해지는 온갖 비난과 소란의 구실이 제거될 것입니다.[52] 그리고 이 흥분과 분노의 원인이 제거되면 다른 회합보다 이〔종교적〕회합이 〔특별히〕더 평화를 해치거나 정치적 무질서를 가져오지는 않게 될 것입니다. 그러나 회합에 대한 고소의 본질적인 부분에 다가가 봅시다.

당신은 이렇게 말할 것입니다. 회합과 사람들의 조우가 공화국에 위험하며 평화를 위협한다. 저는 이렇게 대답합니다. 만약 사실이 그렇다면 왜 광장에는 날마다 모임이 있고, 왜 법정에는 〔연설을 듣기 위한 군중의〕 집회가 있으며, 왜 동업자 집단에는 회의가 있고, 도시에는 군중이 있습니까? 당신은 이렇게 말할 것입니다. 이것들은 시민적 회합이지만, 문제가 되고 있는 것은 교회적 회합이다. 저는 이렇게 대답합니다. 그 말은 마치 서로 다른 회합들 가운데 시민적 사안을 다루는 것으로부터 가장 먼 회합이 시민적 사안들을 무질서하게 만드는 일에 가장 적합하다는 주장과 같습니다. 당신은 이렇게 말할 것입니다. 시민적 회합은 종교적인 사안에 관해 서로 다르게 생각하는 사람들로 이루어지지만, 교회적 회합은 종교적인 사안에 관해 동일한 의견을 가진 사람들로 이루어진다. 저는 이렇게 대답합니다. 그것은 마치 성사와 영혼의 구원에 관해 동일하게 생각하는 것이 공화국에 반대하는 음모를 꾸미는 것이라는 주장과 같습니다. 그러나 사람들은 공개적으로 모일 자유를 덜 가지고 있을수록 소수 종파의 견해에 덜 동의하는 것이 아니라 오히려 더 강하게 동의합니다. 당신은 이렇게 말할 것입니다. 시민적 회합은 〔열려 있어서〕 누구나 자유롭게 〔그곳에〕 들어갈 수 있지만, 종교적인 회합은 닫혀 있어서 비밀스러운 모임에〔음모를 꾸미기에〕 더 적합한 장소이다. 저는 이렇게 대답합니다. 저는 모든 시민적 회합이 모든 사람에게 열려 있다는 것을 부정합니다. 예컨대 동업자 조합collegia은 그렇지 않습니다. 그러나 여하튼 간에 만약 성사를 위한 어떤 모임이 비밀스럽다면, 청컨대, 도대체 무엇 때문에 비밀스러운 모임을 원하고 공개적인 모임을 금하는 사람들이 비난을 받아야 합니까? 당신은 이렇게 말할 것입니다. 성사를 함께하는 것은 사람들의 영혼을 가장 강하게 한데 묶는 것이며, 그러므로 그것은 가장 두려워해야 할 것이다. 저는 이렇게 대답합니다. 만약 사실이 그러하다면, 왜 통치자는 자신이 속한 교회를 스스로 두려워하지 않습니까, 그리고 왜 자신을 위협하는 이 회합들을 금지하지 않습니까? 당신은 이렇게 말할 것입니다. 왜냐하면 그 자신이 그 회합들의 부분이자 머리이기 때문이다. 저는 대답합니다. 그것은 마치 통치자가 공화국 자체의 부분은 아니며 전체 인민의 머리는 아니라고 말하는 것과 같습니다. 그러므로 이제 무엇이 사실인지를 말합시다. 통치자는 다른 교회들을 두려워하지만 자기 교회를 두려워하지는 않습니다. 왜냐하면 통치자가 자기 교회에 대해서는 호의를 가지고 있으며 관대하지만, 다른 교회들에 대해서는 엄격하고 잔인하기 때문입니다. 자기 교회에 대한 통치자의 태도는 어린아이들을 대하는 태도와 같아서 방종에 대해서까지 관대합니다. 그 반면에 다른 교회들에 대한 통치자의 태도는 노예를 대하는 태도와 같아서 강제수용소, 감옥, 권리의 상실, 재산 몰수, 더

빈번하게는 무고한 목숨을 대가로 하는 일들이 벌어집니다. 자기 교회들은 보살핌을 받지만, 다른 교회들은 그 어떤 이유에서건 매를 맞습니다. 하지만 처지가 바뀐다면, 또는 다른 교회에 속한 사람들이 시민적 사안에 있어서 다른 시민들과 동등한 권리를 누린다면, 당신은 종교적 회합을 더는 두려워할 필요가 없음을 즉각 알아채게 될 것입니다. 왜냐하면 만약 어떤 사람들이 이른바 교회를 분리하려고 궁리한다면, 그러한 일에 사람들이 모이도록 설득하는 것은 사실 종교가 아니라 억눌린 비참한 상황이기 때문입니다.

공정하고 온화한 통치는 어디에서나 평온하고 어디에서나 안전합니다. 불의와 폭정에 괴롭힘을 당하는 사람들은 언제나 저항할 것입니다. 분란이 종종 발생함을, 그리고 그 대부분이 종교의 이름으로 일어남을 저는 잘 알고 있습니다. 또한 종교적인 이유로 대부분의 신민이 잘못 처벌받고 불공평하게 살고 있습니다. 그러나 저를 믿으십시오. 이 분란은 그어떤 교회사회나 종교사회에 특수한 것이 아닙니다. 오히려 그것은 부당한 짐 아래에서 신음하는 사람들의, 그리고 자신들의 어깨에 얹혀 있는 무거운 멍에를 벗으려는 사람들의 어디에서나 공통된 관습입니다. 만약 종교가 고려되지 않고 그 대신 신체의 특성이 차별의 근거로 간주됨으로써 검은 머리와 어두운 눈을 가진 사람들에게 다른 시민들과의 사이에서 불공평한 상황이 주어지고, 그럼으로써 그들의 구매와 판매가 자유롭지 못하고, 재산권의 행사가 금지되고, 부모로서의 자녀의 교육과 보호의 권리가 박탈되고, 법정이 그들에게 닫혀 있거나 재판부가 그들에 대해서 편파적이라면, 함께 박해받는다는 사실을 포함해 오로지 머리카락과 눈동자의 색을 통해서만 공통적으로 연결되어 있는 이 사람들을, 종교를 공통요소로 하여 사회를 형성한 사람들과 마찬가지로, 통치자가 두려워해야 한다고 당신은 왜 판단할 수 없습니까? 인간의 사회적 본성이 어떤 사람들은 장사를 위해, 또 어떤 사람들은 여가의 즐거움을 위해 사회에 들어가게 합니다. 거주 도시의 동일성과 거주지의 인접성이 이 사람들을 [비종교적인] 공동생활로, 저 사람들을 종교적인 예배로 이끕니다. 그러나 인민을 폭동으로 모으는 것은 단 한 가지, 억압입니다. 당신은 이렇게 말할 것입니다. 그러므로 당신은 통치자의 뜻을 거스르며 종교 행사를 거행하기 위한 회합이 이루어지는 것을 원하는가? 저는 이렇게 대답합니다. 왜 그것이 통치자의 뜻을 거스릅니까? 그들이 하는 일은 합법적이고 필수적입니다. '통치자의 뜻을 거스르며'라고 당신은 말합니다. 그런데 바로 이것이 제가 문제 삼는 것입니다. 이것이야말로 악의 원천이고 이 땅에 닥친 재난입니다.[53] 어째서 사람들의 모임이 극장이나 서커스에서보다 성전에서 이루어지는 것이 당신의 마음에 더 들지 않습니까? 군중은 성전에서 특별히 더 악덕하거나 더 소란스럽지 않습니다. 그러므로 모든 문제가 마침내 이렇게 귀결됩니다. 그들은 잘못 취급받았고, 그렇기 때문에 참을성이 부족합니다. 권리상의 불평등한 차별을 제거하십시오. 법률을 개정하여 사형과 같은 처벌을 없애십시오. 그러면 모든 것이 보호되고 모든 것이 안전하게 될 것입니다. 이 공화국에서의 그들〔다른 교회에 속한 사람들〕의 상황이 다른 곳에서 일반적으로 관찰되는 것보다 더 나을수록 통치자의 종교와 다른 종교를 지닌 사람들은 공화국의 평화를 위해 더 애써야 한다고 판단할 것입니다. 그리고 모든 특수한, 그래서 그들끼리도 서로 다르게 생각하는 〔소수 종파에 속한〕 교회들은 공공평화의 수호자처럼 〔다른 종파의 교회들이〕 새로운 것을 계획하지 않도록, 그래서 통치의 형태가 바뀌지 않도록 서로서로 다른 사람의 행실을 더 날카롭게 경계할 것입니다. 그들이 이미 소유하고 있는 것, 곧 공정하고 온화한 통치 아래에서 누리는 다른 시민들과 동등한 지위, 그것보다 더 좋은 것을 희망할 수 없기 때문입니다. 종교에 관해 군주와 동일하게 생각하는 교회가 시민 정부의 가장 큰 지주로 여겨진다면, 그리고 그것이, 제가 이미 검토한 바와 같이, 오로지 그 교회가 〔자기 종파에게〕 호의적인 통치자와 편파적인 법률을 가졌다는 이유 때문이라면, 오히려 모든 선량한 시민들이, 그들이 어느 교회에 속해 있든지 간에 상관없이, 군주의 동일한 호의와 법의 동일한 불편부당함을 누리고 종교 때문에 어떠한 차별도 받지 않을 때,

오로지 범죄자들과 시민적 평화를 해치는 자들에게만 법률의 엄격함이 두려운 것이 될 때, 이로써 그만큼 더 많이 증가한 친위대에 의해 공화국이 더 안전해지지 않겠습니까?

마침내 결론을 내리자면, 우리는 다른 시민에게 허락된 권리들을 〔소수 종파에 속한 사람에게도 마찬가지로 허락할 것을〕 요청합니다. 하나님을 로마〔가톨릭〕 방식으로 섬기는 것이 허락됩니까? 그렇다면 제네바〔칼뱅주의〕 방식으로 하나님을 섬기는 것 역시 허락합시다. 광장에서 라틴어로 말하는 것이 허락됩니까? 그렇다면 성전에서 라틴어로 말하기를 원하는 사람에게도 그것을 허락합시다. 자기 집에서 무릎을 꿇는 것, 서는 것, 앉는 것, 이러저러한 몸짓을 이용하는 것, 희거나 검은, 짧거나 긴 옷을 입는 것이 합법적입니까? 교회에서 빵을 먹는 것, 포도주를 마시는 것, 물로 자신을 씻는 것이 불법적인 것이 되지 않게 합시다. 그리고 일상생활에서 법으로 허용되는 나머지 것들 역시 모든 교회의 종교적인 예배에서 자유롭게 허락되도록 합시다. 어느 누구의 생명이나 신체도 이러한 이유로 훼손되어서는 안 되고, 어느 누구의 집이나 가산家産도 이러한 이유로 파괴되어서는 안 됩니다. 당신의 나라〔네덜란드〕에서는 장로들의 치리에 의한 교회가 허락됩니다. 그렇다면 왜 마찬가지로 감독들의 치리에 의한 교회가 그것을 마음에 들어 하는 사람들에게 허락되지 않습니까? 교회 권력은 한 사람의 손에서 관리되거나 여러 사람의 손에서 관리되거나 간에 어디에서나 동일합니다. 교회 권력은 시민적 사안에 관해서는 그 어떤 권리도 그 어떤 강제력도 가지고 있지 않습니다. 재산이나 해마다 들어오는 수입은 교회 정부와 아무런 관계가 없습니다. 종교적 회합들과 그곳에서 행해지는 설교가 합법적임은 공개적 사용을 통해 이미 증명되었습니다. 이것들을 당신은 하나의 교회나 교파에 속한 시민들에게 허락합니다. 그렇다면 왜 모두에게는 허락하지 않습니까? 만약 종교적인 회합에서 공공의 평화에 위배되는 것이 모의되었다면, 그러한 모의는 장터에서 일어날 때와 다른 방법이 아니라 같은 방법으로 억압되어야 합니다. 만약 교회에서 설교를 통해 반란을 일으키는 것이 말해지거나 행해진다면, 그것은 그것이 광장에서 저질러졌을 때와 동일한 방식으로 처벌되어야 합니다. 이 회합들이 공화국의 분열을 꾀하는 자들과 파렴치한 자들의 피난처가 되어서는 안 됩니다. 그러나 성전에서의 사람들의 모임이 의사당에서의 모임보다 더 불법적이지는 않으며, 성전에 모인 시민들이 의사당에 모인 시민들보다 더 비난받을 만하지는 않습니다. 어느 누구이든지 간에 다른 사람의 오류 때문이 아니라 오로지 자신의 범죄 때문에만 미움과 의심을 받아야 합니다. 반란자들, 살인자들, 암살단들, 도둑들, 강도들, 간통하는 자들, 불법을 행하는 자들, 중상비방자들 따위는 그들이 어느 교회에 속해 있든지 간에, 군주의 교회에 속해 있든지 그렇지 않든지 간에, 징계받아야 하며 억압되어야 합니다. 그러나 어떤 사람들의 교리가 평화를 지향하고 그들의 행실이 주의 깊고 책망할 데 없다면, 그들은 다른 시민들과 동일한 대우를 받아야 합니다. 그리고 회합, 엄숙한 모임, 축일의 거행, 설교, 공적인 제사가 다른 사람들에게 허락된다면, 이 모든 것들은 항명파에게도 반항명파에게도, 루터파에게도 재세 파에게도, 소치누스파에게도 동일한 권리로서 허락되어야 합니다.[54]

더 나아가, 만약 진실을 말하는 것이, 그리고 인간적으로 솔직히 말하는 것이 허락된다면, 이교도는 물론 이슬람교도나 유대교도 역시 종교적인 이유로 공화국에서 배제되어서는 안 됩니다. 그와 유사한 어떠한 것도 복음은 명령하고 있지 않습니다. 교회가 밖에 있는 사람들을 심판하지 않는다는 〈고린도전서〉 5장 12~13절 말씀은[55] 이것〔공화국으로부터의 배제〕을 결코 요구하지 않습니다. 어떤 사람들이 유덕하고, 평화롭고, 근면하기만 하면 그들을 단지 사람으로서 받아들이고 포용하는 공화국 역시 그들의 배제를 요구하지 않습니다. 당신은 이교도들이 당신의 나라에서 상업을 하는 것은 허락하면서 하나님에게 기도하거나 예배하는 것은 금지할 것입니까? 유대인들에게 거주와 집의 소유는 허락하면서 왜 회당을 가지는 것은 거부합니까? 그들이 사적인 처소에서 모일 때보다 공적인 회합에서 모일 때 그들의 교리가 더 잘못됩니까, 그들의 예배가 더 추해집니까, 또는 그들의 합심이 더 위험해집니까? 만약 이러한 것이 유대인들과 이교도들에게 허락된다고 해서 그리스도교 공화국에서의 그리스도인들의 조건이 더 나빠지겠습니까? 당신은 이렇게 말할 것입니다. 분명히 그렇다. 왜냐하면 그들〔그리스도인들〕은 분파와 소란, 그리고 내전을 일으키는 성향을 더 많이 가지고 있기 때문이다. 저는 이렇게 대답합니다. 이것이 그리스도교의 잘못입니까? 만약 그렇다면, 그리스도교는 모든 종교 가운데 분명히 가장 나쁜 종교이며, 당신이 고백하기에도 공화국이 전적으로 관용하기에 적합하지 않습니다. 만약 이것〔분열과 소란, 내전〕이 그리스도교의 고유한 특질이라면, 그리스도교 자체의 본성이라면, 그래서 그리스도교가 시민적 평화에 적대적이며 광풍을 일으키는 것이라면, 통치자가 선호하는 교회도 어떻게든 무고하지는 못할 것입니다. 그러나 탐욕, 야심, 불화, 소송, 세속적 욕망에 가장 반대되며 이제껏 존재했던 종교들 가운데 가장 온화하고 평화로운 종교〔그리스도교〕에 대해 결코 그렇게 말할 수는 없습니다. 그러므로 우리는 종교에 주입되는 악들의 다른 원인을 찾아야 합니다. 만약 우리가 문제를 옳게 고찰한다면, 그 악들이 전적으로 앞으로 다루어질 사안들 속에 존재한다는 것이 드러날 것입니다. 그리스도교 세계에서 생겨난 종교에 관한 대부분의 소송과 전쟁을 실제로 만들어낸 것은, 피할 수 없는 것인

의견의 다양함이 아니라, 얼마든지 허용될 수 있는 것인 다양한 의견을 가진 사람들에 대한 관용의 부정입니다. 탐욕과 지배에 대한 욕망으로 움직이는 교회의 지도자들은, 종종 야심 때문에 무기력한 통치자들과 늘 미신 때문에 머리가 비어 있는 인민들 모두를 이교도들에 맞서도록 온갖 방법으로 추동하고 자극했습니다. 그리고 그들은 복음의 법률에 반하여, 사랑의 명령에 반하여, 분리주의자들과 이단자들을 약탈하고 추방할 것을 공언했으며, 두 개의 가장 다른 것, 교회와 공화국을 섞었습니다. 역사가 보여주듯이, 성실한 노동을 통해 획득한 자신의 소유를 빼앗기고 인간의 법이나 하나님의 법에 반하여 타인의 폭력과 강탈의 먹잇감이 되는 것을 사람들이 결코 참을성 있게 견디지 않는다면, 특히 그들이 전적으로 잘못이 없을 때, 그리고 다루어지는 사안이 시민법보다는 오히려 각자의 양심과, 전적으로 하나님에게만 달려 있는 영혼의 구원에 관계될 때, 자신들을 짓누르는 악인들에게 진저리난 사람들이 마침내 폭력으로 폭력을 되갚는 것이 허용되며, 하나님과 자연이 자신들에게 허용한 〔자연적〕 권리, 〔그들이 고백하는〕 종교 때문에가 아니라 오로지 〔각자가 행한〕 악행 때문에만 몰수될 수 있는 〔자연적〕 권리에 근거해 이용할 수 있는 모든 무기를 가지고서 방어하는 것이 허용된다고 자신들을 설득하는 것 외에 다른 무엇을 그들이 기대할 수 있겠습니까? 이는 지금까지의 역사가 충분히 증언해줍니다. 그리고 종교를 이유로 한 박해에 대한 이와 같은 〔저항권을 주장하는〕 의견이 통치자에게나 인민에게 효력을 가지게 되는 한, 그리고 평화와 조화의 선구자가 되어야 마땅한 사람들이 그렇게 무기에 호소하고 가진 폐활량을 다하여 〔전쟁을 알리는〕 나팔을 부는 한, 앞으로의 일도 그렇게 될 것임을 이성이 증명해줍니다. 만약 선동하는 자들과 공공평화의 방해자들도 마찬가지로 약탈자들의 사회로 단지 부름받았으며 타인의 욕망과 자만을 자기 힘의 증가를 위해 종종 이용했을 뿐임이 드러나지 않았다면, 통치자가 이러한 방식의 선동자들과 공공평화의 방해자들을 참아야 한다는 것이 오히려 놀라운 일일 것입니다. 이 선한 사람들이 복음의 사제가 아니라 통치의 사제였음을, 그리고 군주의 야심과 더 강한 자의 지배에 아첨하는 자들이었음을 누가 보지 못하겠습니까? 그리고 그것이 공화국에서 전제적 지배를 부추기기 위해 온갖 노력과 수고를 보태는 것이었음을 누가 보지 못하겠습니까? 교회에서였다면 그러한 노력과 수고는 헛되었을 것입니다. 이것이 대개 〔우리가 목격하는〕 교회와 공화국 간의 〔불행한〕 조화였습니다만, 만약 교회와 공화국이 각자의 경계 안에 머무른다면, 즉 공화국은 국가의 현세적 재산에만 몰두하고 교회는 영혼의 구원에만 몰두한다면, 양자 간의 부조화는 오히려 존재할 수 없습니다. 그러나 '이〔불행한 조화〕는 참으로 수치스러운 일입니다'.[56] 전능하신 하나님은 언제나 평화의 복음이 선포되도록 하셨으며, 시민 통치자로 하여금 자신의 양심이 하나님의 법에 순종하는 것은 더 많이 염려하고 타인의 양심을 인간의 법률로 얽매는 일은 덜 신경쓰면서 조국의 선조들처럼 그들의 자녀들, 물론 적어도 오만하지 않으며 타인에게 불의하지 않고 악의가 없는 그들의 자녀들의 공통된 시민적 행복에 자신의 모든 노력과 숙고를 향하게 하도록 만드셨습니다. 전능하신 하나님은 자신이 사도들의 계승자라고 자임하며 사도들의 발자취를 뒤좇아가는, 정치적인 일들에는 무관심한 성직자들이 평화롭고 겸손하게 오로지 영혼의 구원에만 전념하도록 또한 만드셨습니다. 그럼, 안녕히 계십시오!

6. 부록—이단과 종파 분리

어쩌면 여기에서 이단과 종파 분리에 관해 몇 마디 덧붙이는 것이 논점에서 벗어나는 것은 아닐 것입니다. 이슬람교도는 그리스도인에게 이단자나 종파분리주의자가 아니며, 또한 그렇게 될 수도 없습니다. 만약 어떤 사람이 그리스도교 신앙에서 이슬람교 신앙으로 퇴락한다면, 그것으로써 그 사람이 이단자나 종파분리주의자가 되는 것은 아닙니다. 그는 다만 배교자와 불신자가 되는 것입니다. 이것에 관해 의심할 사람은 아무도 없습니다. 이로써 서로 다른 종교를 가진 사람들은 다른 사람들에게 이단자나 종파분리주의자가 될 수 없음이 확실합니다.

그러므로 우리는 누가 같은 종교를 가졌는지를 먼저 조사해야 합니다. 이 점에서 분명한 것은 하나의 동일한 신앙의 규칙과 신에 대한 예배의 규칙을 가진 사람들이 동일한 종교를 가진 사람이라는 것입니다. 반면에 동일한 신앙의 규칙과 예배의 규칙을 가지지 않은 사람들은 서로 다른 종교를 가진 것입니다. 왜냐하면 종교에 관련된 모든 것은 그 종교의 규칙에 담겨 있으므로 동일한 규칙에 동의하는 사람이 또한 동일한 종교로 모이는 것이 필연적이며 그 역도 마찬가지이기 때문입니다. 그러므로 투르크인〔이슬람교도〕과 그리스도인은 서로 다른 종교에 속해 있습니다. 왜냐하면 그리스도인은 성서를, 투르크인은 코란을 자기 종교의 규칙으로 인정하기 때문입니다. 마찬가지의 이유로 그리스도교라는 이름 아래 서로 다른 종교가 존재할 수 있습니다. 교황주의자와 루터교회 신자, 이 둘은 비록 그리스도의 이름 안에서 신앙을 고백하는 사람으로서 똑같은 그리스도인이지만, 동일한 종교를 가지고 있지 않습니다. 루터교회 신자는 오로지 성서만을 자기 종교의 규칙과 기초로서 인정하지만, 교황주의자는 성서에 전통과 교황의 명령〔교령〕을 덧붙이고 그것에서 자기 종교의 규칙을 만들기 때문입니다. 자칭 성 요한의 그리스도인들Christiani S. Johannis[57]과 제네바의 그리스도인들은, 비록 양자 모두 그리스도인이라고 불리지만, 제네바의 그리스도인들은 성서를, 성 요한의 그리스도인들은, 저는 잘 모르지만, 그 어떤 전통을 그들의 종교의 규칙으로 삼고 있으므로, 그들은 서로 다른 종교를 가진 것입니다. 이러한 사실들이 확인되었으므로 그로부터 다음과 같은 결론이 도출됩니다.

가) 이단은 교회 공동체 내의 동일한 종교를 가진 사람들 사이에서 규칙 자체에는 포함되지 않는 교리에 반대해 생겨난 분리이다.

나) 신앙의 규칙으로서 오로지 성서만을 인정하는 사람들에게 이단은 그리스도교 공동체 내에서 성서의 분명한 구절에 포함되어 있지 않은 교리에 반대해 생겨난 분리이다.

이 분리는 다음의 두 가지 방식으로 생겨날 수 있습니다.

가) 한 교회의 (수적으로) 더 큰 부분이나 통치자의 후견에 의해 (세력 면에서) 더 강해진 부분이 다른 부분들로부터, 그들이 성서의 구절에 의해 뒷받침되지 않는 몇몇 교리들을 믿는다고 고백하려 하지 않는다는 이유로 그들을 공동체에서 내쫓고 배제함으로써, 자신을 분리할 때 분리가 생겨납니다. 그러나 그 어떤 피고소인을 이단자로 만드는 것은 분리된 사람들의 수의 적음도 아니고 통치자의 권위도 아닙니다. 오로지 이러한 (성서에 의해 뒷받침되지 않는) 교리 때문에 교회를 쪼개는 사람, 구별의 이름과 표지를 도입하는 사람,

그리고 의도적으로 분리를 만드는 사람만이 이단자입니다.

나) 어떤 사람이 성서가 분명한 구절로써 드러내 보이지 않는 몇몇 교리를 교회 공동체 안에서 공개적으로 고백하지 않는다는 이유로 그 사람을 교회 공동체와 분리할 때 분리가 생겨납니다.

이들 모두는 이단자입니다. 왜냐하면 그들은 근본적으로 오류를 범하며, 그것도 신중하게, 알고 있으면서, 완고하게 오류를 범하기 때문입니다. 그들은 성서를 신앙의 유일한 기초로 삼았으면서, 또 다른 것, 곧 성서의 어느 곳에서도 발견되지 않는 명제들을 신앙의 기초로 놓습니다. 그리고 마치 필수적이고 근본적인 것처럼 성서에 꿰매어 덧붙인 자신들의 의견을 다른 사람들이 인정하려 하지 않고 그것에 의지하려 하지 않기 때문에 그들을 자신들로부터 멀리 쫓아내거나 자신들을 그들로부터 빼냄으로써 분리를 만듭니다. 자기 신앙의 고백과 신앙의 조항들이 성서와 신앙의 유비analogia fidei에 상응한다고 말하는 것으로는 소용이 없습니다.[58] 왜냐하면 만약 그것들이 성서의 구절들을 통해 표현되어 있다면, 그것들이, 그리고 그와 같은 모든 것들이 신의 영감에 의한 것이므로, 근본적이라는 것을 모든 사람이 동의하므로, 거기에 어떠한 의문도 있을 수 없기 때문입니다. 그러나 만약 당신이 고백할 것을 요구하는 당신의 신앙 조항들이 성서로부터 도출된 것이라고 말한다면, 그래서 그것을 스스로 믿고 신앙의 규칙인 성서와 일치하는 것처럼 자신에게 보이는 것들을 고백한다면, 당신은 분명히 올바르게 행하는 것입니다. 그러나 만약 당신이 그것들을 의심할 바 없는 성서의 가르침으로 여기지 않는 타인에게 억지로 받아들이게 하려고 한다면, 당신은 아주 잘못 행하는 것입니다. 그리고 만약 당신이 근본적이지도 않고 근본적일 수도 없는 것들 때문에 분리를 일으킨다면, 당신은 이단자입니다. 그러나 저는 어떤 사람이 감히 자신의 추론과 성서에 대한 자신의 해석을 신의 영감에 의한 것이라고 내세울 정도로, 그리고 자신의 척도와 정신에 맞추어 만든 신앙의 조항들을 성서의 권위에 견줄 정도로 미쳤다고 믿지는 않습니다. 어떤 명제들은 그것이 성서에서 도출되었음을 어느 누구도 의심할 수 없을 정도로 분명히 성서에 조응함을 저는 압니다. 그러므로 이러한 조항들에 대해서는 어떠한 이견도 생겨날 수 없습니다. 그러나 성서에서 정당한 연역을 통해 도출되는 것처럼 당신에게 보이는 것을, 그것이 신앙의 규칙에 조응한다고 당신 스스로 믿기 때문에, 마치 필수적인 신앙의 조항인 것처럼 다른 사람에게 억지로 받아들이게 해서는 안 됩니다. 타인의 의견이 동일한 권리를 가지고서 당신에게 억지로 받아들이도록 강제되는 것, 그리고 다양하고 서로 다투는 루터파, 칼뱅파, 항명파, 재세례파, 그리고 그 밖의 다른 종파들의 교리들을, 물론 그들은 자신들의 교리를 마치 필수적이고 성서에서 정확히 추론한 것이라고 자기의 추종자들에게 내세우며 각종 상징과 체계와 고백의 고안자들을 칭찬하곤 합니다만, 그 종파들의 교리들을 받아들이고 고백하도록 강요되는 것을 만약 당신이 스스로 공평하다고 판단하지 않는다면 당신도 그렇게 해서는 안 됩니다. 구원에 필수적인 것이 무엇인지를 저 무한하고 영원한 지혜이신 성령이 전할 수 있는 것보다 더 분명하고 더 명료하게 자신이 전할 수 있다고 여기는 사람들의 불길한 교만함에 저는 놀라지 않을 수 없습니다.

일상의 용법을 따르면 오로지 교리에만 해당하는 이단이란 말에 대해서는 이 정도로 충분합니다. 이제 이단과 나쁜 인척 관계에 있는 종파 분리에 대해 살펴봐야 합니다. 왜냐하면 둘 다 제게는 교회 공동체에서 필수적이지 않은 사안들에 관해 분별없이 만들어진 분리를 의미하는 낱말로 보이기 때문입니다. 그러나 "말의 판단과 법과 표준이 되는 용법"[59]이 이단이라는 말은 신앙의 오류에, 종파 분리라는 말은 예배나 교회 규율에 관한 오류에 해당하는 낱말임을 오랫동안 유지해왔으므로[60], 여기에서는 이러한 구분 아래 그것들을 다루어야 합니다.

그러므로 종파 분리는, 위에서 언급된 이유에서 교회 공동체에서의 신에 대한 예배나 교회의 치리에 필수적이지 않은 것 때문에 만들어진 분리 이상 그 무엇이 아닙니다. 신에 대한 예배나 교회의 치리에서 법 제정자인 그리스도 또는 성령의 감동을 받은 사도들이 분명한 구절로써 명령한 것이 아닌 어떠한 것도 교제를 위해 그리스도인에게 필수적일 수 없습니다.

저는 한마디로 말합니다. 분명한 구절들을 통해 신성한 말씀이 말한 어떠한 것도 부정하지 않는 사람들, 거룩한 문서에 명확하게 포함되어 있지 않은 그 어떤 것 때문에 분리를 만들지 않는 사람들은, 그들이 그리스도교라는 이름의 그 어떤 종파에게서 나쁜 소리를 듣고, 그 일부이거나 전부이거나 간에 그 종파에 의해 참된 그리스도교에서 벗어났다고 선언되더라도, 결코 이단자나 종파분리주의자가 될 수 없습니다.

이 일[문제의 해명]이 더 우아하고 더 상세하게 수행될 수 있었겠지만, 너무도 총명한 당신에게는 이 정도만 일러주는 것으로 충분할 것입니다.

존 로크, 종교의 자유와 공화국의 자유를 함께 추구한 사상가

1. 17세기 잉글랜드와 로크의 일생

《관용에 관한 편지》의 저자 로크John Locke는 1632년 8월 29일에 잉글랜드 남서부 서머싯의 소小젠트리 집안에서 태어났다.[61]

그는 무엇보다도 17세기를 살다가 간 사람이었다. 21세기에 살고 있는 우리에게 서양의 17세기는 결코 쉽게 이해할 수 있는 시대가 아니다. 상징적인 사건 한 가지를 통해 이 시기의 분위기를 한번 상상해보자. 로크가 태어난 1632년은 갈릴레이Galileo Galilei가 《두 가지 가장 중요한 천체 체계, 프톨레마이오스와 코페르니쿠스의 체계에 관한 갈릴레오 갈릴레이의 대화*Dialogo di Galileo Galilei sopra i due Massimi Sistemi del Mondo, Tolemaico e Copernicano*》를 펴낸 해이다. 이른바 천동설과 지동설이 서로 자리를 맞바꾸는 패러다임 교체의 시기였다. 그러나 그다음 해에 갈릴레이는 그 책에서 제기한 주장 때문에 로마에서 종교 재판을 받아야 했다. 완전한 세계관 전환을 위해서는 아직 더 많은 시간이 필요했던 것이다. 1632년은 또한 암스테르담에서 스피노자가 태어난 해이기도 하다. 《에티카Ethica Ordine Geometrico Demonstrata》의 저자로 우리에게 잘 알려진 스피노자 역시 과학적 세계관이 아직 종교적 세계관을 대체하지 못한 시대에 성서라는 텍스트를 합리적으로 이해하려는 시도를 하다가 많은 어려움을 겪었다. 우리가 이른바 '근대 초기'라고 상상하는 서양의 17세기는 여전히 철학에 대해 신학이, 정치에 대해 종교가 우위를 점하고 있는 시기였다.

17세기는 또한 전쟁의 시기였다. 인류 역사상 전쟁이 없었던 적이 오히려 드물지만, 특히 17세기는 마치 근대국가를 낳기 위한 산통처럼 반복된 전쟁으로 인해 유럽 땅이 붉게 물든 시기였다. 특히 중요한 사건은 로크가 열 살이 되던 해인 1642년에 잉글랜드의 국왕파와 의회파 사이에 일어난 전쟁이다. 이 사건을 오늘날에는 흔히 '영국내전the English Civil War'이라고 부르지만, 한때는 '청교도 혁명the Puritan Revolution'이라고도 불렀다. 의회파 군대의 주축이 바로 청교도였기 때문이다. 로크의 아버지는 이 의회군 부대의 기병대장이었다. 이 사실은 로크 자신이 청교도였거나 적어도 그가 청교도 운동에 우호적이었음을 추측하게 한다.[62] 청교도적 배경에서 자라났으므로 청교주의에 우호적이었거나 적어도 부정적인 태도를 가지지는 않았을 테지만, 한창 민감할 나이에 종교적 입장에 따라 편을 가르고 그와 같은 전쟁을 하는 사람들의 모습을 보면서 어린 로크는 분명 혼란스러웠을 것이다. 17세기 잉글랜드의 영향력 있는 사상가들이 모두 이 전쟁의 원인에 대해 고민하고 나름의 해법을 제시했을 정도로 내전은 당대 사람들의 지적 활동에 커다란 자극이 되었다. 홉스는 내전의 원인을 주권의 분리에서 찾고서 자연 상태로 언제든지 추락할 수 있는 인간사회를 방어하기 위해 단일한 주권의 성립을 주장했고, 인문주의자인 클래런던 백작 Earl of Clarendon은 홉스의 주장에 반대해 질서 그 자체가 아니라 아리스토텔레스적 의미의 '좋은 질서'가 중요하며 권력이 기능적으로 분화된 혼합 군주정에서 그것의 확립이 가능하다고 주장했다. 공화주의자 해링턴James Harrington은 잉글랜드의 정치 체제와 정치적 심성이 사회경제적 발전에 상응하지 못한 데에서 전쟁의 원인을 찾았으며 크롬웰Oliver Cromwell의 잉글랜드에서 고대의 모범을 따른 공화국 건설의 새로운 가능성을 보았다.[63] 그렇다면 로크의 생각은, 로크의 입장은 무엇이었을까?

아직 내전이 끝나기 전인 1647년에 15세의 나이로 로크는 런던의 웨스트민스터 학교에 들어갔다. 그리고 20세가 되던 1652년에 옥스퍼드의 크라이스트처치 칼리지에 입학했다.

당시의 전형적인 엘리트 코스를 밟은 셈이다. 로크는 1656년 2월에는 학사 학위를, 1658년 6월에는 석사 학위를 취득했다. 당시의 대학 교육은 대체로 성직자 양성 과정이었고, 졸업생들도 대부분 교회에서 일하게 될 것을 기대했다. 로크의 아버지도 아마 자식에 대해 그런 기대를 가지고 있었을 것이다. 하지만 로크는 성직자의 길을 가지 않았다. 명석했던 로크는, 일찍이 학교 선배 홉스가 그랬던 것처럼, 대학의 정규 교과 과정에 큰 흥미를 느끼지 못했다. 그런 로크의 관심을 끈 것은 의학이었다. 30대에 들어서서도 로크는 대학에서 나름의 출셋길을 계속 걷게 되는데, 1661∼1662년에는 그리스어 강사praelector를, 1663년에는 수사학 강사를 역임하고, 1664년에는 도덕철학 학생감censor으로 임명되기까지 한다. 모교에서 후학을 양성하는 일과 병행하여 이 시기에 로크는 의학, 물리학, 화학 등을 계속해서 공부했다.

로크가 대학에서 한편으로는 전통적인 스콜라적 교육을 따분해하면서 다른 한편으로는 성공적으로 엘리트 코스를 밟아가던 때, 암스테르담의 동갑내기 유대인 청년 스피노자는 24세의 나이로 자신의 종족 공동체에서 무시무시한 저주를 받으며 쫓겨나야 했다. 불우했던 스피노자와 비교할 때, 로크의 환경은 상대적으로 안정적이었으며 유복했고 또한 당시 잉글랜드는 종교적으로도 크롬웰의 통치하에 국교회와 청교주의가 우세하던 때였다. 그런 상황이 아마도 당시의 로크로 하여금 종교적 관용에 관해 보수적인 국가우위론적 입장에 서게 하였는지도 모르겠다. 1660년 11월과 12월 사이에 동학同學 배그쇼Edward Bagshaw에게 답하는 형식의 논문에서 로크는 종교적 예배 형태를, 그것이 중립적인 것인 한, 시민 통치자가 결정하는 일에 찬성하는 입장을 보인다.64 이 당시 로크는 국교회의 신학 서적을 많이 읽었으며 로마 가톨릭교도와 비국교도에 맞서는 두 개의 논쟁 전선에서 영국 국교회의 전통적 입장을 옹호했다. 그러나 모든 지식이 경험에서 비롯된다는 경험론의 주장처럼 종교적 관용에 관한 로크의 생각도 새로운 경험을 통해 변화했다. 1665년 11월부터 1666년 2월까지, 비록 짧은 기간이었지만 베인Walter Vane이 브란덴부르크 선거후elector의 통치령이었던 독일과 네덜란드의 국경도시 클레베에 외교관으로 파견될 때 그의 비서로서 동행한 것이 로크의 생각을 크게 바꾸었다. 그곳에서 로크는 서로 다른 교회에 속한 사람들이 질서 있게 함께 사는 것을 목격했다. 첫 해외여행에서의 이러한 경험이 종교적 관용의 실행 가능성에 대한 그의 생각을 크게 바꿨을 것이라고 연구자들은 추측한다.65

1666년 여름, 짧은 해외여행에서 돌아온 로크는 자신의 인생을 정치적인 방향으로 크게 바꿔놓을 한 인물을 만나게 되는데, 그가 바로 쿠퍼Anthony Ashley Cooper(1621~1683)이다. 쿠퍼는 상당히 기회주의적인, 그러나 동시에 정치적으로 예민한 정치인이었던 것으로 보인다. 그는 내전 중에 왕당파에서 의회파로 성공적으로 변신해 내전 후에도 살아남았을 뿐만 아니라, 공화정에서 호국경 체제로 넘어가는 과정에서도 주도적인 역할을 하여 크롬웰 치하에서 정치적으로 중용되었다. 그러나 크롬웰의 군사 독재에 반감을 가지게 된 쿠퍼는, 그렇다고 해서 명확하게 왕정복고를 지지했다는 증거는 없지만, 더는 그를 지지하지 않았고 그 덕분인지 모르지만 1660년 찰스Charles 2세의 귀환 이후에 추밀원樞密院에서 활동하게 되었다.[66] 그뿐 아니라 1661년에는 애슐리 경Lord Ashley이 되고, 1672년에는 섀프츠베리 백작Earl of Shaftesbury이 되어 마침내 대법관의 자리에까지 오를 정도로 찰스 2세의 치하에서 그는 출세 가도를 달렸다. 그런 그가 로크를 눈여겨본 것이다. 그의 부름으로 1667년 늦은 봄에 로크는 옥스퍼드를 떠나 런던으로 향했다. 로크는 1668년 6월 12일에 그동안 습득한 의학 지식을 매우 적절하게 활용할 기회를 갖게 되는데, 바로 애슐리 경의 간장병을 그가 수술하여 치료한 것이다. 건강을 되찾은 애슐리 경은 그 후로 로크를 생명의 은인으로 여겼고, 그에 대한 보답이었는지는 모르겠지만 1668년 11월에 로크는 왕실학회의 회원으로 선출되었다. 애슐리 경의 집에 들어가면서부터 그때까지 로크가 지니고 있었던 정치에 대한 유사 스콜라철학적 관심은 변하게 되었다. 30대 중반을 지나면서 로크의 정치적 시야가 넓어진 것이다.

1672년 3월, 그러니까 로크가 40세가 되었을 때 애슐리 경은 섀프츠베리 백작이 되었으며, 그해 11월에 대법관이 되었다. 1년 뒤, 1673년 11월에 그가 면직될 때까지 로크는 그를 위해 일했으며, 1675년에 프랑스로 가기 전까지 그를 위해 혹은 개인적으로 이러저러한 위원회에서 일했다.

1670년은 스피노자의 《신학-정치론》이 저자의 이름과 출판지를 감춘 채 세상에 나온 해이다. 이 책은 다소간의 신학적 논쟁을 불러일으켰지만, 1674년에 이르러서야 비로소 홉스의 《리바이어던》과 함께 금서 목록에 올랐다. 종교적으로 민감한 주제를 다뤘는데도 이 책이 상대적으로 신학자들의 주의를 적게 끌었던 것은 당시의 신학자들의 가장 큰 관심거리요 가장 주된 논쟁 상대가 다름아닌 데카르트René Descartes 였기 때문이었다.[67] 17세기 최고의 유행 학문은 바로 데카르트 철학이었다. 당시의 학자들에게 데카르트 철학은 그에 대한 지지 여부를 떠나 그것을 알지 못하면 지적인 대화의 장에 낄 수 없는 필수사항이었다. 그런 시기에 직업상의 공무에 많은 시간을 빼앗겨 충분히 독서할 시간을 가지지 못했던 로크는 분명히 이 새로운 철학에 목말라하고 있었을 것이다. 1660년대 후반에 이미 데카르트 철학에 대한 해석으로 어느 정도의 지명도를 얻고 하이델베르크 대학의 교수로 초빙까지 받았던 스피노자와 달리, 로크는 비록 기초가 튼튼한 잠재적 철학자였을지는 몰라도 어디에서 당당하게 철학자라고 명함을 내밀 수 있는 현재적 철학자는 아직 아니었다. 그런 그가 1675년 11월에 드디어 공무에서 벗어나게 되자, 그는 프랑스로 여행을 떠났고 그곳에서 충분한 시간을 학문에 투자했다. 이때부터 쓰기 시작한 그의 일기는 그가 이 시기에 얼마나 시간을 질적으로 사용했으며 정신적 활동을 왕성하게 했는지를 보여준다. 프랑스에 머무르는 동안 로크는 신교도 물리학자들을 만났으며 철학적 탐구를 재개하여 데카르트 철학을 공부했다.

1679년 5월에 로크는 삼 년 반 동안의 프랑스 여행을 마치고 잉글랜드로 돌아왔다. 그러나 잉글랜드의 정세는 프랑스에서 누렸던 정신적 여유와는 너무도 다르게 돌아가고 있었다. 이른바 배척법Exclusion Bill을 둘러싼 위기의 시대였던 것이다. 잉글랜드에서는 1660년에 찰스 2세의 즉위와 함께 왕정과 국교회가 회복되었다. 그런데 의회는 잉글랜드의 국왕이 잉글랜드 국교회의 수장이므로 국교도가 아닌 사람을 왕위 계승에서 배제해야 한다고 주장하였다. 이를 위해 의회는 1673년에 새로운 심사법Test Act을 제정하여 모든 공무 담임자가 국교도여야 함을 명시했다. 그런데 왕의 동생이자 왕위계승인 요크 공 제임스James Duke of York가 심사법에 따라 선서하기를 거부한 것이다. 이로써 그는 자신이 가톨릭 신자임을 암묵적으로 선언했다. 이에 따라 가톨릭교도를 왕위 계승에서 원천적으로 배제하는 배척법이 제출되었고, 이를 둘러싸고 잉글랜드 의회는 찬반양론으로 나뉘게 되었다. 때마침 제임스의 비서인 콜먼Edward Coleman이 후일 날조된 것으로 드러난 교황주의 음모Popish Plot(1678)의 주범 오츠Titus Oates에 의해 왕국 전복 음모자로 지목되었다. 가뜩이나 프랑스 루이Louis 14세의 가톨릭 절대주의를 두려워하고 있던 잉글랜드 사람들은 배척법이라는 헌법적인 수단으로 제임스를 왕위 계승에서 배제하고자 했다. 이를 둘러싼 정치적 갈등이 바로 배척법 위기이다.

1679년부터 1783년까지 섀프츠베리 백작과 그의 당파는 헌법적 수단을 이용해 제임스를 왕좌에서 배제하려고 시도했다. 배척법은 1679년 5월과 1680년 11월에 하원을 통과했으나 첫 번째 시도는 왕이 의회를 해산함으로써, 두 번째 시도는 상원에서 법안이 거부됨으로써 무산되었다. 1681년 3월에 의회가 옥스퍼드에서 열렸지만, 세 번째 배척법안이 하원을 통과하기 전에 의회는 또다시 해산되었다. 찰스 2세와 섀프츠베리의 대립 구도는 심화되었고, 마침내 찰스 2세가 섀프츠베리를 반역죄로 기소하려고 하자 1682년 9월에 섀프츠베리는 잠적했다. 그해 11월에 네덜란드로 망명한 섀프츠베리는 몇 달 후 그곳에서 망명객으로서 쓸쓸하게 생을 마감했다. 이 일로 휘그당은 섀프츠베리를 지지하는 급진파와 중도파로 분열되었는데, 급진파 휘그당원들이 찰스 2세와 제임스에 대한 암살 음모를 꾸미다가 발각되었다. 1683년 6월 21일, 이들에 대한 체포가 시작되었고, 이 일에 어느 정도 가담했는지 불분명하지만 로크 역시 이 일로 위험에 빠졌다. 로크는 체포가 시작되기 일주일 전에 런던을 빠져나와 두 달간 웨스트 컨트리에서 머물다가 모든 일을 정리하고 돈을 마련해 영국을 떠났다. 어떻게 도망쳤는지는 알려져 있지 않지만, 1683년 9월 7일에 그는 로테르담에 있었다. 나이 오이 넘어 갑작스럽게 외국에서 망명생활을 해야 하는 처지가 된 것이다. 그가 다시 영국에 돌아온 것은 6년의 세월이 지난 1689년 2월이었다.

그사이에 로크는 네덜란드에서 무엇을 했을까? 네덜란드에서도 로크는 예전처럼 의학을 비롯한 다양한 분야에 관심을 가졌지만, 이제는 무엇보다도 철학 연구와 집필 작업에 매진했다. 로크는 1683년과 1684년의 겨울, 그리고 1684년 가을과 1685년 봄에《인간지성론》을 집필하여 1686년 말쯤에 오늘날 전해지는 모습으로 완성했다. 스피노자가 1660년대 후반에 정치적인 이유로《에티카》의 집필을 잠시 중단하고《신학-정치론》을 쓴 것처럼, 로크도《인간지성론》집필 도중에 잠시 짧은 글을 쓰기 위해 작업을 중단했다. 림보르흐Philippus van Limborch와 르클레르Jean Le Clerc에 따르면 로크는 1685년과 1686년 겨울에 암스테르담에서 우리가 지금 손에 쥐고 있는 글,《관용에 관한 편지》를 집필했다.[68] 그는 이미 오래전부터 영국 정치의 맥락에서 관용의 문제에 관심을 가져왔다. 그러나 그 문제에 관해 직접적으로 글을 쓰게 된 계기는 아마도 1685년 10월의 낭트 칙령Edict of Nante 폐지였을 것이다. 영화 〈여왕 마고La Reine Margot〉에 등장하는, 나바르의 왕이자 부르봉 왕조 최초의 프랑스 왕인 앙리Henri 4세는 1598년 4월에 낭트에서 프랑스의 신교도들에게 종교의 자유를 허용하는 칙령을 공포했다. 이 칙령으로, 물론 신교 지역에서도 가톨릭이 회복됨으로써 신교가 더 이상 확장되는 것이 불가능해지기는 했지만, 신교도들은 파리를 제외한 지역에서 자신들의 방식으로 예배를 드릴 수 있게 되었다. 그러나 이 칙령을 1685년 10월에 루이 14세가 완전히 철폐한 것이다. 루이 14세는 신교 국가 전체를 적으로 삼았으며, 국내의 신교도들을 강제로 개종시키려고 했다. 낭트 칙령의 철폐와 함께 프랑스 신교도의 모든 종교적·시민적 자유가 박탈되었다. 박해가 뒤따르자 40만 명 이상의 프랑스 위그노는 영국, 프로이센, 네덜란드, 미국 등으로 신앙의 자유를 찾아 떠났다. 따라서 1685년을 전후로 유럽에서는 지식인들 사이에서 종교적 관용에 관한 논쟁이 벌어졌는데, 《편지》는 바로 이 논쟁의 맥락에서 로크가 자신의 입장을 개진한 것이었다.

《편지》는 라틴어로 작성되었으며 림보르흐를 수신자로 하고 있다. 그러나 네덜란드의 항명파 신학자 림보르흐가 이 편지에서 독자로 상정하고 있는 아직까지 그리 관용적이지 못한 '당신'이 될 수는 없을 것이다. 당시의 편지는 지식인들 사이에서 회람되는 일종의 학술지 성격을 띠었으며, 따라서 림보르흐 역시 이러한 성격의 편지 형식을 위해 편의상 선택된, 유럽의 지식인을 대표하는 수신자임을 생각하면,《편지》가 라틴어로 집필된 것은 명목상의 수신자인 림보르흐가 잉글랜드인이 아닌 네덜란드인이었다는 사실을 떠나서도 지극히 자연스러운 일이다.[69] 로크는 1689년 네덜란드를 떠나기 전에《편지》의 수고手稿를 림보르흐에게 맡겼고, 림보르흐는 이 수고를 로크가 영국으로 돌아가고 나서 3개월 후인 1689년 5월에 하우다에서 출판했다.

로크는 환갑을 바라보는 나이에 명예혁명과 함께 잉글랜드로 되돌아왔다. 로크는 네덜란드로 망명을 떠나기 전에 집필한《통치론》에서 이미 명예혁명을 통해 비로소 현실이 되는 입법부 우위의 원칙을 정치철학적으로 뒷받침했다. 명예혁명Glorious Revolution이라는 말은 1688년 제임스 2세가 후사를 가지게 되자 가톨릭 군주의 지배가 이어질 것을 두려워한 의회가 네덜란드 오라녜Oranje 가문의 빌렘Wilem에게 잉글랜드를 공격해줄 것을 요청했고, 이 요청을 빌렘이 받아들이자 겁에 질린 제임스 2세가 도망침으로써 피 한 방울도 흘리지 않고 이루어진 혁명이라고 하여 붙게 된 이름이다. 이후로도 100년 이상 전과 같은 형태의 군주 지배는 이어졌지만, 이 사건을 계기로 하여 입법부 중심의 정치 형태가 서서히 자리를 잡게 되었다. 명예혁명으로 인해 고국으로의 귀환이 가능해지자 로크는 1689년 2월에 잉글랜드로 돌아왔고, 그에게는 즉시 브란덴부르크 선거후령領의 대사직이 주어졌다. 그러나 로크는 이 제안을 건강상의 이유로 거절했다. 오늘날과 마찬가지로 당시에도 사회생활을 위해서는 술을 많이 마셔야 했던 모양인데, 이 당시 로크는 의료적 목적이 아니고서는 거의 술을 마실 수 없을 정도로 기력이 쇠한 상태였기 때문이다.

귀국 후 몇 달 동안 로크는 그동안 집필한 글들의 출판을 위한 작업에 매달렸다. 《통치론》을 포함한 수고들이 잉글랜드에 남아 있었는데, 《통치론》 1부의 상당 부분은 소실되어 있었다. 로크는 소실된 부분을 억지로 복원하려고 하지 않았고, 다만 바뀐 실정에 맞게 부분적으로 내용을 추가해 1689년 8월에 출간했다. 이 책은 익명으로 출간되었다.

귀국 후의 로크에게 관용은 더 이상 주된 관심사가 아니었다. 따라서 로크는 망명 시절에 쓴 《편지》를 굳이 영어로 옮겨 출판할 필요를 느끼지 못했다. 그러나 잉글랜드의 맥락 속에서 종교적 관용을 절실하게 필요로한 유니테리언Unitarian 포플에게는 그렇지 않았다. 모든 종류의 종파에 대한 완전한 자유를 원한 포플은 로크의 《편지》를 번역하여 선전용 책자로 이용하려고 했다. 그는 로크의 허락 없이, 그러나 로크의 인지하에 《편지》를 영어로 옮겨 1689년에 출판했다. 로크는 자신이 《편지》의 저자임을 밝히고 싶지 않았기 때문에 번역에 대해 별다른 지시를 하지 않았다. 그러나 번역 작업에 반대하지는 않았다. 1689년 6월 6일, 로크는 네덜란드에 있는 친구 림보르흐에게 자신의 《편지》가 영어로 번역되었음을 알리면서 한 달 전에 양원에서 통과된 관용법 Toleration Act에 의해 잉글랜드에서, "당신이나 비슷한 [종파의] 사람들이 (중략) 원한 정도로 폭넓은 관용은 아니겠지만 non ea forsan latitudine qua tu et similes (중략) optarent", 관용이 이미 정착했다고 적었다. 로크는 이 법안이 자유와 평화의 기초가 될 것으로 기대했던 것이다. 그러나 이 관용법의 혜택에서 가톨릭교도와 유니테리언, 유대인과 무신론자는 배제되었다. 따라서 포플은 그것에 만족할 수 없었던 것이다. 포플의 입장은 《편지》의 영역판에 붙인 그의 짧은 서문에 나타나 있다. 《편지》는 1689년 10월 3일에 출판이 허가되어 늦가을에 판매되기 시작했는데, 몇 달 후에 제2판을 찍을 정도로 잘 팔렸다. 1689년 12월에는 《인간지성론》도 출판되었다.

《편지》는 곧바로 논쟁을 불러일으켰다. 옥스퍼드의 성직자 프로스트Jonas Proast는 1690년 4월에 《편지》를 비판하는 글을 발표했다. 1690년 여름에 로크는 짧게 《관용에 관한 두 번째 편지Second Letter concerning Toleration》로 그에게 답했다. 계속해서 익명으로 남기 위해 로크는 필란트로푸스 Philanthropus, 즉 '사람을 사랑하는 자(박애주의자)'라는 가명을 사용하여 마치 제3자가 논쟁에 끼어드는 것처럼 했다. 1691년 2월에 프로스트는 다시 로크를 비판했고, 이에 자극받은 로크는 1692년 6월에 완성하여 11월에 공개한 장문의 《관용을 위한 세 번째 편지*Third Letter for Toleration*》로 다시 한번 반론을 제기했다. 프로스트는 그 이상의 반론을 제기하지 않았고, 논쟁은 중지되었다.

이 논쟁 후 로크는 덜 논쟁적인 작업에 관심을 기울였다. 1693년 7월에 그는 《교육에 관한 몇 가지 생각*Some Thoughts concerning Education*》을 출간했다. 이 책은 망명 시절 네덜란드에서 그의 친구 클라크Edward Clarke에게 보낸 편지에 바탕을 둔 것이었다. 정확히 2년 후에 이 책의 새 판이 나왔다. 꾸준히 책이 팔렸다는 뜻이다. 이 책은 《인간지성론》이후로 로크가 자신의 이름을 달고 출판한 첫 번째 책이었는데, 이로써 그의 명성은 더 높아졌다.

1694년 5월에는 《인간지성론》의 제2판이 출간되었다. 1695년 8월, 로크는 온전히 잉글랜드로 귀국한 후에 집필한 책 《기독교의 합리성*The Reasonableness of Christianity*》을 출간했다. 이 책은 《편지》와 마찬가지로 익명으로 출판되었으며, 발간 즉시 논쟁을 불러일으켰다. 그런데 비판의 대상이 된 것이 기독교를 합리적이라고 소개하려는 그의 시도가 아니었다. 많은 독자들에게는 로크의 기독교 개념 자체가 참을 수 없을 정도로 묽어 보였던 것이다. 이 책에 대한 최초의 가장 신랄한 비판자는 에드워드John Edward였다. 그의 비판에 대해 로크는 1695년《변호Vindication》라는 편지로, 1697년 봄에 그보다 더 긴《두 번째 변호Second Vindication》로 대답했다.

1695년 9월 로크는 뉴턴Isaac Newton, 렌Christopher Wren 등과 함께 정부 자문위원으로 위촉되었고, 1696년 5월부터 4년 동안은 '무역과 식민을 위한 위원회the Council for Trade and Plantations' 위원으로 지명되어 일했다. 정부를 위해 일하는 동안 그는 더 많이 일해야 했고 원치 않게 런던에서 살아야 했지만, 그만큼의 경제적 보상을 받았다.

무역위원회에서의 일 외의 시간을 로크는 워체스터 주교 Bishop of Worcester, 스틸링플릿Edward Stillingfleet과의 논쟁에 할애해야 했다. 스틸링플릿이 영국 국교회에서 매우 유능한 인물로 여겨졌기 때문에, 그의 비판을 로크는 쉽게 무시할 수 없었다.《인간지성론》이 출간되자마자 읽은 스틸링플릿은 처음에는 그 책에서 기독교 교리에 해로운 그 어떤 것도 보지 못했다. 그러나 톨런드John Toland의 활동이 그의 생각을 바꿨다. 1690년대에는 영국의 소치누스파와 그들에 대한 정통파 비판자들 간의 지적 전쟁이 최고조에 달했는데,

스틸링플릿도 이 논쟁에 가담하고 있었다. 톨런드의《신비롭지 않은 기독교*Christianity not Mysterious*》가 익명으로 출간된 것이 바로 이 무렵이다. 신학에 대한 그의 합리주의적 접근은 로크가 옹호하고 실제로 믿은 정도를 넘어선 것이었지만, 스틸링플릿에게, 그리고 그러한 비교를 행하는 그 누구에게도 마찬가지로, 톨런드의 지식 이론은 로크의《인간지성론》제4권을 별다른 변형 없이 수용한 것처럼 보였다. 그래서 스틸링플릿은 톨런드를 비판하는 글의 서문에서 로크를 비판했다.

스틸링플릿의 비판 때문이었는지는 알 수 없지만, 1700년 6월에 로크는 무역위원회 위원직을 사임했다. 그리고 마지막 4년을 조용히 보냈다. 런던 방문도 전보다 덜 잦았고 그 기간도 더 짧았다. 로크는 1699년 12월에《인간지성론》제4판을 출간한 이후로 아무것도 세상에 내어놓지 않았다. 이후에《인간지성론》에 추가된 내용들은 유고로 출판된 제5판에 포함되었다. 이제 로크는 전보다 덜 바빴지만, 결코 게으르지 않게, 건강이 허락하는 한에서 그의 마지막 대기획인 바울 서간에 대한 주석 작업에 매진했다. 그는 오래도록 성서 비평에 관심을 가져왔다. 1660년대 초부터 로크는 바울 서신의 개별 구절들에 꾸준히 주석을 달아왔다. 그가 바울 서신을 선택한 것은 의심할 바 없이 존 에드워드 때문이었을 것이다. 로크의《기독교의 합리성》을 비판하면서 그가 로크가 바울 서신을 모른다고 말했기 때문이다. 그러나 아마도 더 중요한 이유는 바울 서신이 그 전체의 맥락에서 해석되지 않고 구절구절 고립적으로 해석됨으로써 누대에 걸쳐 오해되고 있다고 로크가 믿었기 때문일 것이다.[70] 이 책에서 드러나는 로크의 신학적 입장은 반反삼위일체주의이다. 소치누스파 문헌을 폭넓게 읽기는 했지만 그가 순수한 소치누스파였던 것으로 보이지는 않으며, 오히려 아리우스주의Arianism에 가까운 입장을 채택했던 것으로 보인다. 이 책은 로크의 초기 저작들에서 드러나는 그리스도교적 어휘들을 결코 단지 신실한 척하기 위한 것이거나 이미 근본적으로는 세속적이면서 그것을 아직 인정하지 못하는 마음속의 종교적 잔재 정도로 낮춰 해석할 수 없게끔 한다. 이 책은 그가 마음 깊숙이 종교적이었음을 보여준다. 3개월 간격으로 출간하려던 그의 계획은 무산되었고, 책 전체는 그의 사후인 1705년과 1707년 사이에 그의 유언집행자에 의해 출판되었다.《기적에 대한 논고Discourse of Miracles》(1702)와 미완성의《관용에 관한 네 번째 편지Fourth Letter on Toleration》도 유고로 출판되었다.

로크의 건강은 오랫동안 좋지 않았다. 그는 천식을 앓았는데, 런던에서 정치적으로 생활할 때의 흡연으로 인해 더욱 악화되었다. 1698년 1월의 몹시 추운 날씨 속에 윌리엄William 3세가 로크를 켄싱턴 궁으로 불렀는데, 그때의 여행이 그의 추측에 따르면 그를 거의 죽였으며 그의 건강은 이후로 결코 회복되지 않았다. 생의 마지막 겨울을 로크는 가능한 한 실내에서 그의 기력을 보전하려고 노력하면서, 그리고 따뜻한 날씨가 그의 몸 상태를 일시적으로나마 낫게 해주길 기대하면서 화롯불 옆에서 보냈다. 1704년 봄과 여름 동안에도 겨울의 우환이 지속되자 로크는 자신이 오래 살지 못할 것을 예감했다. 1704년 4월에 그는 자신의 소유지 대부분을 둘째 조카 킹Peter King에게 준다는 유언장을 썼다. 여름 동안에 그는 점점 더 약해졌다. 예전에 그는 말을 타는 것을 즐겼지만 이제는 그것마저도 할 수 없게 되었다. 그 대신에 특별히 고안하여 제작한 마차를 타고 다녔다. 10월경에는 이마저도 하기 어려울 만큼 약해져서 단지 가을 햇볕을 쬐기 위해 정원으로 들려 나가 앉아 있는 것밖에 할 수 없게 되었다.

그러나 그의 정신만은 여전히 맑고 능동적이었다. 9월에 그는 자신이 《통치론》의 저자임을 공식적으로 처음 인정하는 내용을 유언장에 덧붙였다. 한 달 뒤에 그는 조카 킹에게 《바울 서신 주석Paraphrases and Notes on the Epistles of St. Paul》과 《지성의 안내Conduct of the Understanding》의 출판을 요청하는, 그리고 《말브랑슈에 대한 조사Examination of Malebranche》와 《기적에 대한 논고》의 출판을 조카의 판단에 맡기는 내용의 편지를 썼다. 이 편지를 쓸 때에 그는 인생에서 겨우 3일만을 남겨두고 있었다. 그의 다리는 부어올랐고, 그는 일어설 수 없을 정도로 약해졌다. 1704년 10월 28일, 그는 조금 더 강해진 것처럼 느껴져서 옷을 입고 공부하려고 했다. 그러나 오후 3시에 레이디 매섬Lady Masham이 그에게 〈시편〉을 읽어주고 있을 때 자신의 손을 얼굴 위로 들어 올려 자신의 눈을 감겼고, 그렇게 죽었다. 3일 후에 그는 하이레이버 교구 교회의 부속 묘지에 묻혔다. 그의 무덤은 여전히 그곳에 남아 있다.

2. 《관용에 관한 편지》가 주장하는 관용과 자유

《편지》는 그리 길지 않은 글이다. 그러나 통상적인 의미의 편지라고 하기에는 상당히 긴 편이다. 《편지》의 서간문 형식은 종종 홉스가 대화 형식을 채택한 것과 마찬가지의 수사학적 목적에 따라 채택된 것으로 보인다. 서간문 형식은 독자가 어떠한 시점을 취하느냐에 따라 이중의 긍정적 효과를 가진다. 독자가 2인칭 청자의 시점을 취하는 경우에, 즉 자신을 편지의 수신자로 간주하는 경우에 서간문 형식은 화자와 청자의 관계를 가깝게 함으로써 글의 설득력을 높인다. 반면에 독자가 3인칭 관찰자 시점을 취하는 경우에 독자는 글의 비판적인 내용에 민감하게 반응할 필요 없이 상대적으로 편한 마음을 가지고서 편지를 읽을 수 있다. 독자는 편의대로 2인칭 시점을 취하다가 3인칭 시점을 취할 수 있으며, 화자 역시 보편적인 2인칭 청자를 상정하고서 말하다가 필요에 따라 글의 내용이 특정한 2인칭 청자를 향한 것이라고 얼마든지 변명할 수 있다. 화자에게나 청자에게 모두 유용한 형식인 것이다.

《편지》는 내용상 크게 여섯 부분으로 나누어진다. 먼저 ① 편지 전체의 서론에 해당하는 부분이 있고, 다음으로 ② 국가와 교회의 개념 정의에서 도출되는 각각의 역할 구분에 대한 부분이 있으며, ③ 각 영역이 다른 영역에 대해 가지는 관용의 의무에 관한 부분이 있다. 이어서 로크는 조금 더 구체적으로 ④ 종교사회인 교회가 가지는 (그리고 가지지 않는) 권리를 예배 형식에 관한 부분과 신조에 관한 부분으로 나누어 다룬다. 마지막으로 ⑤ 결론과 그에 덧붙여진 ⑥ 부록이 있다. 각 부분의 내용을 요약하면서 중요한 쟁점들을 살펴보자.

16세기와 17세기는 종교개혁과 반개혁의 열풍이 유럽 대륙을 휩쓴 때였다. 구교와 신교는, 그리고 신교의 여러 종파는 서로 자신이 옳음을, 즉 '정통'임을 주장하였다. 그러나 각자 서로 다른 기준을 가지고서 자신이 정통이고 상대가 이단이라고 주장하는 일은 소모적일 뿐이다. 그래서 로크는 《편지》의 서론에서 교리의 신구나 역사의 장단과는 다른 교회의 옳고 그름을 판단할 기준을 제시하고자 한다. 그것은 바로 관용이다. 로크는 "관용이야말로 참된 교회를 구별하는 가장 분명한 기준"이라고 주장한다. 여기에서 우리는 세속 통치자가 편지의 독자가 아니라 종교인, 그리스도인, 특히 교회의 성직자들이 편지의 독자로 상정되어 있음을 알 수 있다. 그렇기 때문에 '참된 교회'의 구별에 관해 말하고 있는 것이다. 참된 교회라면 관용해야 하지 않겠느냐는 것이다. 그러나 관용하는 교회가 참된 교회이므로 불관용을 부추기는 거짓 교회를 공격해야 한다고 통치자에게 주장하는 것은 아니다. 로크가 여기에서 주목하고 있는 문제 현상은 세속 통치자가 교회를 핍박하는 것이 아니라, 교회가 세속 통치자의 힘을 이용하여 다른 교회를 핍박하는 것이다. 세속화한 오늘날 우리에게 '은총이 통치의 기초'라는 명제는 자못 엉뚱해 보인다. 하지만 17세기의 로크에게 그 명제를 부인하는 일은 참으로 중요한 일이었을 뿐만 아니라, 결코 쉽지 않은 일이었다. '통치가 은총에 기초한다'는 주장은 최근까지도 거듭해서 제기되었지만, 17세기 청교도 혁명의 과정에서는 상당히 맹렬하게 제기되었다. 크롬웰의 첫 의회인 '성자들의 의회the Parliament of saints'는 이 명제에 정치적 영향력을 부여하고자 한 시도였다. 크롬웰은 로크가 부정하려고 한 바로 그 것을 주장함으로써 의회의 첫 회기를 열었다. "하나님은 이를 통하여 그리스도가 통치하는 날이 왔음을 명백하게 보여주고 있습니다. 또한 하나님은 수많은 민족들의 역사가 그렇듯이 이처럼 많은 피를 흘리고 지난한 투쟁을 거친 후에야 비로소 오늘 이곳에서 우리의 이 의회가 중대한 결실을 맺도록 하셨습니다. 즉 하나님은 당신의 백성들을 최고의 권부로 불러 모으신 것입니다."71

통치를 신의 은총으로 정당화하는 것은 일종의 지배이다. 정치에 대한 종교의 지배이고, 그것도 특정 종파의 지배이다. 그리고 그 결과는 종교 자체의 파괴이고 구원의 실종이다. 그렇기 때문에 로크는 그것이 그리스도교적이지 않다고 비판한다. 로크는 구원에 대한 열심으로 위장된 지배를 향한 욕망을 비판하고, 그가 그런 것처럼, 그리스도교의 본래적 순수성을 회복하려고 한다. 그런데 이 지배 현상이 정치와 종교, 공화국과 교회를 구별하지 못하고 서로 다른 두 영역 간의 경계를 허무는 데에서 비롯된다고 생각했기 때문에 무엇보다도 이 구별 작업이 우선해야 한다고 로크는 주장했다. 국가에 관한 것과 종교에 관한 것, 교회와 공화국 간의 경계가 올바르게 확정된다면 위선은 불가능해질 것이라는 말이다. "어느 누구도 (중략) 자신이나 다른 사람을 속여서는 안 됩니다." 자신이 지금 무엇을 추구하는지도 모르고서 종교적인 명분을 내세워 정치권력을 탐해서는 안 된다는 것이다. 하늘과 땅만큼 다른 이 두 영역이 구분되고 그 사이에 견고한 벽이 놓이게 될 때, 각 영역은 오히려 자율성을 보장받게 될 것이고 그때에 영혼의 구원을 위해 노력하는 참된 교회라면 다른 교회를 관용하게 되리라는 것이 서론에서 나타나는 로크의 주장이다. 다른 교회에 대한 관용이 곧 국가와 교회를 구분하는 행위이고, 국가와 교회를 구분하는 것이 바로 다른 교회에 대한 관용이라는 말이다.

관용이라는 로크의 해법은 홉스의 해법과 대조된다. 그것은 각자의 국가 이론이 서로 다른 데에서 기인한다. 홉스에게 최고 주권은 종교적·정치적으로 대립하는 의견을 가진 사회의 여러 세력들 위에, 그들의 판단과 동의로부터 분리되어 절대적으로 군림하는 존재이다. 사회의 여러 세력으로부터 분리되어 있는 상황이 역설적으로 주권의 최고성을 가능하게 해준다. 홉스는 세속적인 것과 종교적인 것을 모두 지배하는 그러한 최고 주권의 존재가 진정으로 평화를 보장할 수 있다고 생각했다.[72] 그와 달리 로크는 국가의 힘이 어디까지나 인민의 지지에 기초한다고 보았다. 그런데 인민의 지지는 로크에 따르면 실질적으로 다수의 지지를 의미하므로[73], 국가는 언제나 다수의 지지를 얻기 위해, 다시 말해 다수를 확인하고 형성하기 위해 노력해야 한다. 그리고 바로 여기에서 문제가 발생한다. 한 사회의 구성원들은 정치적인 정체성과 함께 종교적인 정체성도 가지고 있는데, 이것이 구분되지 않은 채 다수의 형성을 통해 국가로 투입될 때, 국가는 소수에 대해 정치적으로 통치할 뿐만 아니라 종교적으로 지배하게도 된다. 동의에 근거한 정당한 통치가 아닌, 자의적인 지배가 생겨나는 것은 바로 이 지점이다. 로크의 정치이론에서 관용이 중요한 것은 바로, 홉스의 국가론과 달리, 그의 국가론의 이론적 구조가 관용 없이 제대로 작동할 수 없기 때문이다.[74] 따라서 홉스의 체계에서라면 단순히 통치자에게 요구될 법한 관용(관대함)이 로크의 이론에서는 교회에 요구된다.[75] 교회사회의 다수 종파가 국가를 수단으로 삼아 소수 종파를 억압할 때에 교회와 국가 간의 비지배적 관계는 끝나고 정치에 대한 종교의 지배가 시작된다. 소수의 시민들일지라도 그들이 마치 노예처럼 다수 종파의 자의적 지배 아래 놓이게 되는 상황에서 '인민 전체의 재산res populi'을 의미하는 '공화국res publica'은 불가능해진다. 따라서 로크는 사람들이 가지고 있는 두 가지 서로 다른 정체성, 곧 시민으로서의 정체성과 그리스도인으로서의 정체성을 공적인 것과 사적인 것으로 구분하고, 그것을 각각 공화국과 교회에 국한시킨다. 이로써 종교적 다수가 정치적 다수가 되어 종교적 소수를 억압하지 못하게, 그리고 궁극적으로 종교적인 것이 정치적인 것을 지배하지 못하게 하려는 것이다.

로크는 본론에서 본격적으로 공화국과 교회가 서로 어떻게 다른지를 논의한다. 로크에 따르면 공화국이나 교회 모두 일종의 사회이다. 후커Richard Hooker를 통해 아리스토텔레스Aristoteles의 영향을 받은 것으로 보이는 로크는 인간의 사회성을 자연적/본성적인 것으로 전제한다. 로크가 자연 상태에 대해 이야기할 때, 그때의 자연 상태는 사회 전의 상태가 아니라 어디까지나 공통의 법률이 존재하지 않는 국가 전의 상태만을 의미할 정도로, 인간의 사회성은 로크에게 언제나 당연한 것으로 전제되어 있다. 그렇기 때문에 로크에게 자연 상태는, 홉스의 경우와 달리, 결코 그 자체로 전쟁 상태가 아니다. 그에게는 전쟁 상태와 같은 폭력적(대립적)인 자연 상태도 있을 수 있지만, 그렇지 않은, 사람들이 평화롭게 공존하는, 다만 공통의 입법권만이 부재하는, 사회적(협력적)인 자연 상태도 있을 수 있다. 국가 혹은 공화국은 이 사회적인 자연 상태에서 사람들이 계약을 통해 형성하는 특수한 정치 사회이다. 교회도 마찬가지로 사회적 자연 상태에서 형성되는 특수한 사회인데, 이러한 사회들이 본성을 따라 결성되는 근본적 사회와 다른 이유는 그 사회들이 어떤 특수한 목적을 가지기 때문이다.

'공화국'이라는 정치사회의 목적은, 로크에 따르면, 어디까지나 세속의 재산을 보호하고 증식하는 것이다. 이 목적에 따라 공화국은 '이 세상에 속하는' 재산에만 관여한다. 그것에는 일차적으로 생명과 자유가 속하고, 신체적 완결성과 건강, 그리고 노동의 결과로 획득하게 되는 토지, 돈, 가구와 같은 외적인 것들이 있다. 그러므로 공화국은 영혼의 구원과 같은 장차 올 세상에 속하는 재산에는 관여하지 않는다. 이것이 두 왕국을 선명하게 구분한 루터와 같은 부분이고, 국가를 구원의 도구로 여긴 칼뱅과 결정적으로 다른 부분이다.[76] 로크에게는 어디까지나 세속적 재산의 정당한 소유를 보장하는 것만이 공화국과 통치자의 의무이다. 이 의무를 수행하기 위해 통치자는 신민이 보유한 신체적 힘으로 무장하고 있어야 하며, 그렇게 해서 가지게 되는 무력으로 타인의 권리를 침해하는 자를 제압해야 한다.

그렇다면 통치자의 의무가 아닌 것은 무엇인가? 통치자의 이 사법적 판단의 권한은 어디까지나 세속적 재산의 보호와 증진에만 국한되고, 영혼의 구원에까지는 결코 확장될 수 없다. 왜냐하면 첫째로, 통치자에게 어느 누구도 그러한 권한을 맡기지 않았기 때문이다(영혼의 신탁 불가능성). 로크의 정치이론에서 가장 중요한 단어 가운데 하나가 바로 신탁trust이다. 믿고 맡긴다는 뜻이다.[77] 신도 인간도 통치자에게 그러한 권한을 맡긴 바 없는데, 맡길 수 없는 성질의 것을 맡기는 것 자체가 논리적으로 불가능하기 때문이다. 둘째로, 구원은 물리적 강제가 아니라 영혼의 내적 확신에 기초하기 때문이다(내적 확신의 강제 불가능성). 통치자도 논증을 통한 설득을 할 수 있지만, 그때에 그는 어디까지나 다른 보통 사람들과 마찬가지로 사인으로서 논증을 하는 것이다. 로크는 통치자가 가진 두 가지 측면, 곧 공인公人으로서의 측면과 사인私人으로서의 측면을 구분한다. 사실 통치자가 아닌 사람들도 공적인 역할을 수행하는 사람이라면, 이 두 가지 측면을 동시에 지니게 된다. 그런데 그것을 구분하지 못하면, 앞에서 얘기한 공화국과 교회 간에 드리워 있는 장벽을 넘게

되고, 각 영역의 자유는 파괴된다. 셋째로, 영혼의 구원이 통치자의 소관 사항이 아닌 것은 구원의 길이 하나인데 세상에 수많은 통치자가 존재한다는 사실 그 자체에 의해 자연스럽게 논증된다. 이 가운데 한 사람의 통치자만이 종교적으로 옳다면, 구원이 출생이라는 우연적 요소에 의존하게 되는 불합리한 일이 생기기 때문이다. 이상의 세 가지 사실, 곧 영혼의 신탁 불가능성, 내적 확신의 강제 불가능성, 구원의 방법에 대한 견해의 사실적 다양성에 근거하여 로크는 영혼의 구원에 통치자가 관여해서는 안 된다고 주장한다.

교회 역시 공화국과 마찬가지로 어디까지나 특수한 목적을 달성하기 위해 인간들이 자발적으로 결성한 사회이다. 그리고 그 목적은 바로 영혼의 구원이다. 그 목적을 달성하기 위해 사람들은 한데 모여 공적으로 신에게 예배를 하는데, 그 예배의 형식은 어디까지나 그들이 생각하기에 신성에 합당한 방식, 곧 신이 그 예배를 기쁘게 받을 것이라고 믿는 방식이어야 한다.

공화국과 교회 모두 특수한 사회이지만, 그 외연에는 차이가 있다. 교회사회 바깥에는 비교회적 정치사회인 공화국이 있지만, 공화국 바깥에는 비국가적 자연 상태가 있을 뿐이다. 교회에는 자유롭게 가입했다가 자기 판단에 따라 탈퇴할 수 있지만, 그리고 교회에서 탈퇴하더라도 여전히 공화국 안에서 자신의 시민으로서의 자유를 보장받을 수 있지만, 공화국 바깥에서는 다른 정치사회에 새롭게 가입하지 않는 한 시민적 자유를 보장받을 수 없다.

로크는 이 교회사회가 자유롭다고 말한다. 그것은 과연 무슨 뜻일까? 그 말은 우선 종교가 귀속적인 것이 아니라 선택적인 것이라는 뜻이다. 자발적이라는 말과 같은 뜻이다. 가입과 탈퇴가 자유롭다는 것이다. 물론 로크는 사람이라면 마땅히 자기 구원을 위해 힘써야 한다고 생각했지만, 그렇다고 해서 그 일을 위해 반드시 어느 정해진 교회에 속해야 한다고 생각하지는 않았다. 어느 교회가 그 일에 가장 적합한지는 각자가 판단할 문제이기 때문이다. "심지어 하나님도 원하지 않는 사람을 구원하지 않으신다"라는 로크의 말은 종교적인 일에서 인간의 이른바 '자유의지'를 그가 얼마나 중요하게 생각했는지를 알 수 있게 해준다. 이는 구원이 인간의 의지와 선행에 의존한다는 아르미니우스파의 주장과 성인이 되어 자기 의지로 세례를 받아야 한다는 재세파의 주장과 연결되는데, 이 두 주장은 모두 '무조건적 예정 unconditional predestination'을 주장하는 칼뱅주의에 반대된다. 이는 또한 네덜란드의 관용 논쟁 지형에서 로크가 항명파, 곧 아르미니우스파의 편에 서 있음, 즉 림보르흐의 입장을 옹호하고 있음과도 연결된다.

교회가 자유롭다는 말의 두 번째 의미는 그 사회가 다른 사회, 곧 외부의 힘으로부터 자유롭다는 뜻이다. 그래서 로

크는 교회사회에 법이 필요한데 그 법의 제정권을 어디까지
나 그 사회 자체가 지닌다고 주장한다. 한 사회의 법을 제정
할 권한을 다른 어떤 외부의 힘이 가진다면, 그 사회는 결코
'자유롭다'고 일컬어질 수 없기 때문이다. 따라서 교회사회
내의 직책이나 위계도 그 사회에 속한 구성원 당사자 혹은
그들의 대표자가 만든 법에 의거해야 한다. 이 말은 어떤 직
책이나 그 위계가 마치 하늘에서 내려온 것인 양 여겨질 수
없다는 뜻이다. 가톨릭교회의 주교 제도나 장로교회의 장로
제도가 변경 불가능한 교회의 본질적 요소가 아니라, 어디까
지나 그 구성원들에 의해 선택이 가능하며 변경 또한 가능한
것이라는 주장이다. 그 이유는 ① 그리스도가 그러한 직제를
도입했다는 증거가 없으므로, 그리스도의 이름으로 모인 곳
에 그리스도 역시 계신다는 명확한 성서의 표현을 두고 모호
한 구절들을 우선해야 할 이유가 없기 때문이며, ② 교황의
자리에 오르고자 하는 추기경들끼리도 서로 의견이 다르다
는 사실이 필연적으로 모든 사람에게 각자가 선호하는 교회
를 선택할 자유를 허락하기 때문이고, ③ 내가 어떤 교회 직
제를 선택하는 것이 타인의 선택을 제한하지 않으므로, 교회
의 자유를 보장하면서 동시에 각자가 원하는 교회 직제를 선
택할 수 있기 때문이다. 그러나, 교회를 자발적인 사회로 보
는 로크에게는 각자의 선호에 따라 신자들이 이합집산하는
것이 자연스럽겠지만, 이 세상에 교회가 단 하나 있고 그 교

회에 단 하나의 옳은 방식이 있다고 생각하는 사람들에게 그 이합집산이 결코 받아들일 수 없는 것임은 자명하다. 교회의 통일성을 위해 그러한 이합집산, 곧 종파의 분리는 억제되어야 하고, 이 과정에서 세속적 수단인 폭력이 동원된다. 로크는 교회의 통일성을 형식에서 찾지 않고, 자기 확신에 따라 그리스도의 이름으로 모인 자유로운 사회라는 교회의 근본 원리에서 찾음으로써 이 문제를 해결하려고 한다.

어느 교회가 '그리스도의' 교회라면 그 모임의 조건은 성서에 근거해야 한다. 마찬가지로 배제의 조건 역시 성서에 근거해야 한다. 여기에 인간적인 날조가 덧붙여지면, 그때 그 사회는 교회를 빙자하여 사적 이익을 추구하는 사회가 된다. 교제를 강제로 지속하기 위해 박해를 해서는 안 된다. 성서가 결코 그러한 수단을 가르치고 있지 않기 때문이다. 종교사회가 행사하는 구성원에 대한 치리는 영원의 구원이라는 목적에 닿아 있고, 이 목적에 그 사회의 법률은 제한된다. 교회가 법을 강제하는 방식은 어디까지나 훈계, 권고, 충고이다. 그것이 힘을 발휘하지 못한다고 해서 무력을 사용해서는 안 되며, 그렇게 하는 것이 유용하지도 않다는 것이 로크의 주장이다.[78] 따라서 교회 권력이 지닌 최후의 수단은 출교, 즉 지체를 몸에서 잘라내는 것이다. 이는 자발적 사회라는 교회사회의 정의에서 논리적으로 도출되는 결론이다.

공화국과 교회, 정치사회와 종교사회가 지닌 목적을 통

해 각 사회가 해야 할 일과 하지 말아야 할 일을 구분한 로크
는 다음으로 관용의 의무에 대해 논한다. 이 관용의 의무는
앞에서 언급한 인간의 두 측면, 즉 시민적/공적 측면과 종교
적/사적 측면의 구분에서 논리적으로 도출된다. 국가는 인
간의 시민적/공적 측면에 관여하고, 교회는 인간의 종교적/
사적 측면에 관여한다. 서로 다른 이 두 영역을 서로 침범하
지 않는 것이 바로 '관용'이다. 이것은 각각의 영역이 가진 목
적을 존중하는 것이고, 그 목적에 따라 각각의 영역에서 중
요하게 여기는 '재산'이 분배되도록 하는 것이다. 로크는 관
용의 주체에 따라 각각이 가지는 관용의 의무가 무엇인지를,
즉 서로 다른 두 영역을 어떻게 넘나들지 않고 존중해야 하
는지를 논한다. 로크가 주장하는 관용의 원리를 파악했다면,
이제 그 적용은 간단하다.

교회는 그 사회가 가지고 있는 법률을 어기는 구성원을 관
용할 필요가 없다. 이는 어디까지나 동일 영역 내에서의 일
이기 때문이다. 따라서 범법자를 얼마든지 처벌할 수도 있
다. 다만 그 수단이 통치자의 독점적 수단인 무력이어서는
안 된다. 또한 그 사람의 시민적/세속적 재산에 피해를 입히
는 처벌이어서도 안 된다. 출교는 어디까지나 코무니오의 단
절, 즉 교제의 단절, 영적 나눔의 단절만을 의미해야 한다. 이
러한 영역 구분이 개인에 대해 교회가 가지는 관용의 의무
이자 그 한계이다. 또한 교회는 설령 통치자가 그 교회에 속

해 있더라도 그의 힘을 이용하여 세속적 방식으로 다른 교회를 억압해서는 안 된다. 그러한 행위는 종교라는 영역 안에서 이루어지는 개입이 아니라, 종교가 정치를 지배하는, 다른 영역을 침해하는 행위이기 때문이다. 또한 통치자가 어느 교회에 속해 있다고 해서 그 교회가 옳은 교회가 된다면, 이슬람이 국교인 나라에서는 통치자가 이슬람교회에 속해 있다는 이유로 그리스도교회를 탄압할 수도 있게 될 것이다.

성직자는, 그의 직책이 어디까지나 자발적으로 결성된 교회사회가 자유롭게 채택한 것이므로, 자신의 권한을 그 교회의 테두리 안에 국한시켜야 한다. 권한을 위임하지 않은 사람에게까지 그 권한이 미칠 수는 없기 때문이다. 따라서 성직자는 어떤 사람이 자신의 교회에 속해 있지 않다는 이유로 그 사람의 시민적 권한을 박탈할 수 없다. 더 나아가 성직자는 가르치는 직분을 맡은 사람이므로 스스로 관용을 실천해야 할 뿐만 아니라 자신의 교회에 속한 다른 구성원들에게도 그것을 마땅히 지켜야 할 의무로 가르쳐야 한다. 즉 공公과 사私의 구별, 공화국과 교회의 구별, 시민적인 것과 종교적인 것의 구별을 가르쳐야 한다. 동일한 종교를 믿는 사람으로서 논박은 할 수 있겠지만, 결코 무력을 사용해서는 안 된다.

통치자 역시 관용의 의무, 즉 공화국과 교회를 구별하고 서로 다른 두 영역 간의 경계를 침범하지 않아야 할 의무를 가진다. 그러나 앞의 교회나 성직자가 가지는 의무와는 다른 방향에서 상대의 영역을 침범하지 않아야 한다. 그러므로 통치자는 교회가 자율적으로 영혼의 구원을 위해 노력할 때, 그 일에 관여해서는 안 된다. 물론 통치자 역시 한 명의 사인으로서, 영혼의 구원을 갈구하는 사인으로서 타인의 영혼의 구원을 위해 설득이라는 수단을 가지고서 노력할 수는 있겠지만, 공인으로서 그렇게 해서는 안 된다. 오히려 통치자가 공인으로서 해야 할 일은 개인 간에, 교회 간에 행여나 영혼의 구원을 빙자하여 부당한 강제가 행해지지 않도록 주의하고 그러한 강제로부터 신민들을 보호하는 것이다. 통치자가 영혼의 구원 문제에 관여해서는 안 되는 이유는, 먼저 통치자 자신 역시 구원에 이르는 길에 관해 다른 사람들과 마찬가지로 무지하기 때문이고, 다음으로 그가 구원의 길을 잘못 일러주었을 때 타인에게 생겨날 손해를 결코 보상해줄 수 없기 때문이다. 통치자와 신민의 이와 같은 평등한 상황은 통치자가 교회의 위원회나 탁월한 신학자의 조언을 받는다고 해서 달라지지 않는다. 왜냐하면, 이것이 핵심인데, 구원은 '영혼으로부터의 동의'를 의미하기 때문이다. 구원은 다른 그 무엇이 아니라 자기 자신과의 내적 일치이다. 그래서 로크는 설득되지 않고 드리는 예배, 자기 확신 없이 강요에 의해 드리는 예배가 구원에 무익할 뿐만 아니라, 신을 모욕하는 것이므로 오히려 구원에 해롭다고 주장한다. 결국 구원은 각자에게, 각자의 '양심'에 맡겨져야 한다는 것이 로크의 주장이다.

'양심적conscientious'이라는 말은 자기 자신과의 일치를 뜻한다. 나의 내면과 나의 외면이 일치하는 것이 양심적인 것이다. 비양심적이라는 말은 겉과 속이 다르다는 뜻이다. '양심적' 병역거부를 둘러싼 논쟁에서 이 말에 대한 오해에서 비롯된 엉뚱한 반론이 있었다. "너희가 '양심적'이면, 성실하게 병역의 의무를 수행한 우리는 '비양심적'이라는 말이냐?" 집총執銃을 거부하는 일이 '양심적'인 행동이 되는 것은 어디까지나 나의 내면이 그것을 요구하고 내가 그 요구에 따라 집총을 거부할 때이다. 내면이 집총을 거부하는데도 총을 드는 것이 '비양심적'인 것이지, 총을 잡는 것 자체가 '비양심적'인 것은 아니다. 아무튼, 양심에 구원이 달려 있다는 로크의 말은 영혼의 자기 확신, 자기 내면과의 일치에 구원이 달려 있다는 뜻이다. 로크에게 구원은 그 어떤 예배 형식의 준수나 교리의 외적 고백에 달린 것이 아니다. 구원은 외화할 수 없는, 지극히 개인적인 내면의 확신에 달려 있다. 그렇다면 로크는 양심의 자유를 무조건적으로 옹호하는 것일까?

양심의 자유에 대한 로크의 주장은 간혹 해석자들 사이에서 혼란을 불러일으킨다. 그것은 그리스도교적 양심 개념이 가지는 몇 가지 문제점에서 비롯된다. 첫째로 그리스도교적으로 이해된 '양심의 자유'는 잘못된 확신을 버리고 참된 확신을 가지게 하는 데 유용할 수 있는 이른바 '선한 강제'를 논리적으로 배제하지 않으며, 둘째로 무엇이 진정 관용되어야 마땅한 진정한 양심의 확신인지를 밝혀야 하는 과제를 안게 되며, 이로부터 셋째로 관용의 한계가 지나치게 넓어지거나 아예 없어지는 일이 생기게 된다. 넷째로 그리스도교적으로 이해된 '양심의 자유'는 무신론자나 가톨릭교도, 무슬림과 같은, 양심의 자유를 가지고 있지만 실제로는 자유롭지 않은, 배제된 집단을 만들어낸다.[79] 그러나 로크가 옹호하는 양심의 자유는 그것이 '그리스도교적'이기 때문에 오히려 위와 같은 문제들에서 자유롭다. 즉 로크에게 종교적 양심의 자유는 어디까지나 종교의 영역 안에서만 허용된다는 말이다. 위의 문제들은 모두 종교가 국가의 기초라고 전제할 때에, 국가와 교회의 영역을 구분하지 않고 바라볼 때에 발생한다. 국가와 교회가 하늘과 땅처럼 서로 다른 것이라는 로크의 전제 아래에서는 위와 같은 문제가 발생하지 않는다. 강제가 유용할 수 있느냐는 논점과는 별도로, 물리적 강제는 어디까지나 세속 권력에 속한 것이므로 그리스도인의 '양심의 자유'는 강제의 대상이 될 수 없다. 마찬가지 이유로 양심의 진정성을 밝히는 것은 각자의 사적인 과제이지, 결코 시민적/정치적 과제가 아니다. 관용의 한계는 바로 그 경계, 곧 사적인 영역과 공적인 영역 사이에 그어진다. 이 구분에 따라 정치적으로 특정 종교 집단이 배제되더라도, 그것은 결코 양심의 자유를 억압하는 것이 아니다. 이 문제는 아래에서 이어지는 '중립적인 것'에 관한 논의를 통해 더 잘 이해될 수 있을 것이다.

정치사회의 수장인 통치자가 종교사회인 교회를 관용해야 하는 것은 두 영역의 구분을 통해 쉽게 이해될 수 있다. 이제 로크는 이 두 영역 사이에 놓여 있는 애매한 것들에 대한 통치자의 권한에 관해 논의한다. 바로 '중립적인 것res indifferentes'에 관한 논의이다. 이것은 아직 시민적인 것에도 종교적인 것에도 확실하게 속하지 않은, 그러나 종교적으로 예배에서 이용되고 있는 것이다. 이러한 것은 통치자의 재량에 속하는 것res adiaphoras이므로 통치자의 입법 대상이 될 수 있다. 그러나 그렇다고 해서 중립적인 것이면 무엇이든지 통치자가 법으로 예배에 도입하거나 금지할 수 있는 것은 아니다. 어디까지나 공공의 이익이 입법의 기준이 되어야 한다고 로크는 말한다. 또한 본성상 중립적인 것이더라도 일단 교회의 의식에 도입되었을 때에 그것은 통치자의 사법권 바깥에 놓이게 되므로 통치자는 그것에 간섭하지 말아야 한다고 말한다. 더 나아가 중립적인 것이더라도 예배하는 자가 그것을 신이 요구하는 예배의 필수 요소라고 믿는다면, 그것은 그 자체로 그에게 중요한 것이라고 로크는 주장한다. 그렇다면 개인이 예배의 필수 요소라고 믿는 것이면 통치자가 그것에 대해 어떠한 금지도 할 수 없다는 말인가? 로크의 주장은 일견 주관적 상대주의로 흐르는 것처럼 보인다. 그러나 양심의 자유에 관한 문제에서와 마찬가지로 중립적인 것에 관한 그의 주장 역시 서로 다른 두 영역의 구분이라는 원리에 입각해 이해되어야 한다.

다시 한번 기억해야 할 것은 인간이 시민적 측면과 종교적 측면을 동시에 가진다는 사실이다. 그러한 인간이 대하는 사물 역시 인간의 그 두 측면에 상응하여 시민적 의미와 종교적 의미를 동시에 가질 수 있다. 본성상 중립적인 것도 사람들이 어떻게 대하느냐에 따라 시민적 의미를 가질 수도 있고 종교적 의미를 가질 수도 있다. 로크가 통치자에게 부정하는 것은 공익적 요구가 없는데도 개인의 예배에 필수적인 요소로 사용되고 있는 그 어떤 중립적인 것의 사용을 금할 권리이다. 공익적 요구가 있을 때에는 얼마든지 금할 수 있다. 그리고 이때 통치자에 의해 사용이 금지되는 것은 그 중립적인 것의 시민적 의미이지 결코 종교적 의미가 아니라고 로크는 주장한다. 이 구분은 매우 중요하다. 따라서 법으로 교회 바깥에서 그 사용이 허용된 것은 결코 동일한 법에 의해 교회 안에서만 금지될 수 없으며, 교회 바깥에서 법으로 사용이 금지된 것은 반드시 교회 안에서도 금지된다. 그러나 이 금지는 '시민적' 사용의 금지이지 '종교적' 사용의 금지가 아니므로, 로크가 보기에는 국가에 의한 교회 영역의 침범이 아니다. 본성적으로 중립적인 것들을 시민적/세속적으로 전혀 사용하지 않으면서 단지 종교적으로만 사용할 도리가 교회에는 없기 때문이다.

교회들의 다양한 예배 형식이 서로 관용되어야 하고 통치자에 의해서도 관용되어야 한다고 주장할 때에, 오늘날에도 마찬가지로, 쉽게 제기되는 것이 바로 우상숭배의 경우이다. 이와 관련해 로크는 두 가지 논점을 제시한다. 그 하나는 종교의 순수성과 자유를 보장할 유일한 방법이 우상숭배자의 탄압이 아니라 오히려 정치와 종교의 분리, 국가와 교회의 분리라는 것이다. 우상숭배를 금지하기 위해서라고 하더라도, 이 일을 위해 세속 권력이 동원되는 순간, 종교 영역에 개입하게 된 정치권력은 우상숭배자뿐만 아니라 다른 사람들도 통제하게 될 것이고, 결국 종교의 자율성과 순수성은 사라지게 된다는 것이다. 그러므로 우상숭배자를 처벌하기 위해 세속 권력의 힘을 빌리는 행위는 궁극적으로 우상숭배자뿐만 아니라 종교 일반을 그 힘에 내맡기는 것이 된다. 정치권력의 지원을 받는 교회이건 탄압을 받는 교회이건 간에, 일단 두 영역이 서로 침범하면 교회는 더는 자유롭지 않게되며 종교는 더는 순수하지 않게 된다.[80]

우상숭배에 대한 또 다른 논점은 모세법에 따른 우상숭배자의 처벌이 어디까지나 정치와 종교가 구분되지 않았던 신정 체제theocratia에서의 일이므로, 이 두 영역이 분리되어 있는 사회에서 동일하게 적용될 수 없다는 것이다. 이 비판은 오늘날과 마찬가지로 17세기에도 만연해 있던 어떤 종교적

이데올로기를 겨냥하고 있다. 그것은 구약과 신약, 유대교와 그리스도교, 모세법과 그리스도의 사랑의 법을 구분하지 못한 채, 자신들을 신의 선민選民으로 여기고, 자신들이 살고 있는 나라를 신이 약속한 땅, 곧 새로운 예루살렘으로 여김으로써 유대 왕국과 같은 신정 체제를 부활시키려는 정치적·종교적 시도이기도 하다. 로크는 이러한 종교적-정치적 이데올로기를, 스피노자가 그렇게 한 것과 마찬가지로[81], 한편으로 구약성서와 유대교, 모세법을 특수한 것으로 해석하고, 다른 한편으로 신약성서와 그리스도교, 그리고 그리스도가 가르친 사랑의 법을 보편적인 것으로 해석함으로써 비판한다. 첫째로 로크는 모세법이 어디까지나 유대인에게 주어졌으므로 유대인이 아닌 그리스도인을 모세법에 근거해 처벌하는 것이 부당하다고 주장한다. 둘째로 로크는 유대 왕국이 신정 체제였으므로 국가가 종교적인 것에 관여할 때에도 그것은 실제로 종교적인 것에 관여한 것이 아니라 어디까지나 정치적인 것에 관여한 것이었다고 주장한다. 이와 같은 방식으로 로크는 우상숭배자에 대한 사법적 처벌이나 잘못된 신앙을 가진 사람들에 대한 물리적 강제가 공화국과 교회의 역사적 관계에 대한 몰이해에서 비롯되며, 오늘날 오히려 종교의 자유를 침해한다고 비판한다.

마지막으로 로크는 외적인 예배와는 다른, 신앙의 조항들, 곧 교리에 대해 교회가 어떠한 자유를 주장할 수 있는지 논의한다. 먼저 로크는 교리를 실천적인 것과 사변적인 것으로 나눈다. 사변적인 교리는 생각에서 멈추며, 결코 실행에 대한 의지와 행실로까지 이어지지 않는다. 따라서 사변적 교리에 대해서는 세상의 법이 간섭할 수 없다고 주장한다. 세속 통치자는 자신의 통치권을 가지고서 교회에 그 어떤 사변적인 교리를 새롭게 도입할 수도 없고, 이미 채택되어 있는 것을 금지할 수도 없다. 사변적인 교리는 오로지 종교 영역에만 머무르며 통치자는 그것에 대해 아무런 권한을 가지지 못하기 때문이다. 그러나 실천적 교리에 대해서는 사정이 다르다. 행실의 옳고 그름은 종교생활의 큰 부분을 차지할 뿐만 아니라 시민생활과도 밀접하게 연결되어 있기 때문이다. 따라서 도덕적 행위는 세속 법정과 양심의 법정, 통치자의 지배와 양심의 지배 모두에 예속된다. 이 이중성에서 문제가 생겨나는데, 로크는 공화국과 교회를 잘 구분함으로써 이 문제 역시 쉽게 해결할 수 있다고 여긴다.

필사의 존재인 인간에게는 불멸의 영혼이 있으며, 이것이 바로 양심의 지배 영역이다. 사람은 모두 영생을 얻기 위해 애써야 한다. 필사의 존재에게 영혼은 소중한 것이기 때문이다. 그러나 영생을 얻기 위해 노력하는 것은 각자의 소관 사항이다. 문제가 되는 것이 자기 자신이고 자신의 영혼을 돌보는 일로 인해 타인에게 어떠한 피해도 생기지 않기 때문에, 통치자는 이 일에 개입해서는 안 된다. 그러나 동시에 인간에게는 이 세상에서의 삶이 있으며, 이것은 세속 통치자의 지배 영역에 속한다. 이 세상에서의 삶을 위해, 생명의 보존, 재산의 보존, 외적에 대한 방어, 평화의 유지 등을 위해 사람들은 국가를 형성하고 최고의 입법권을 통치자에게 맡긴다. 정치권력은 그 기원과 목적 면에서 한계가 분명하다. 그러므로 통치자가 양심에 어긋나는 것을 법으로 명령할 때, 사인은 자신의 양심에 따라 부당해 보이는 명령의 이행을 거부해야 하겠지만 그 거부 행위에 대한 처벌은 달게 받아야 한다. 법률이 정치적인 사안에 관해, 그리고 공공선을 위해 제정되어야 한다는 전제가 충족될 때에 그 법률에 대한 사적인 판단은 결코 신민에게서 복종의 의무를 제거해주지 않는다. 그러므로 당연히 판단은 관용의 대상이지만, 거부 행위는 관용의 대상이 아니다. 그리고 처벌은 그의 생각이 아니라 어디까지나 그의 행위에 대해 가해진다.

여기에서 다시 통치자의 사적인 판단과 공적인 판단은 구분되어야 한다. 통치자로서의 자신의 영역을 벗어나는 문제에 대해 판단하고 명령하는 것은 사적인 판단이고, 그 판단은 어떠한 법적·시민적 권리도 가지지 못한다. 통치자가 자신의 판단을 법적 효력을 가지는 공적인 판단이라고 확실히 믿는 반면에, 신민들은 통치자의 판단을 단지 그의 사적인 판단이라고 마찬가지로 확실히 믿는 경우, 로크에 따르면, 지상에는 입법자와 인민 사이에 어떠한 심판자도 없다.[82] 이러한 상황은 자연 상태와 같다. 홉스에 따르면 바로 이러한 상황이 전쟁 상태이고, 전쟁을 통해 명백한 힘의 우위가 가려지지 않고서는 결코 판단의 옳고 그름이 가려질 수 없다. 영국 내전이 바로 그 대표적인 예이다. 그러나 로크는 종교적인 문제에 대해 사람들이 양심에 호소하여 정치적으로 불복종하는 것을 결코 옹호하지 않는다.《통치론》에서 앞에서와 같은 자신의 설명이 무질서를 옹호하는 것으로 오해되어서는 안 된다고 강조한다. 정당하건 부당하건 간에, 일단 반란이 일어나면 하늘에 호소하는 수밖에 없다고 종교적인 방식으로 표현했지만, 상황은 공통의 입법권이 없는 자연 상태와 같이 될 것이다. 그리고 사람들 사이의 힘의 관계에 따라 싸움은 마침내 끝나고 질서가 새롭게 형성될 것이다. 그러나 이 과정에서 많은 사람들은 죽게 될 것이다. 그것을 어떤 사람은 신의 심판이라고 부를 수도 있겠지만, 로크는 통치자가 무엇보다도 이러한 일이 일어나지 않도록 주의해야 한다고 주장한다. 판단과 판단이 서로 대립하는 경우에 로크는 사람이 아니라 오직 신만이 심판자이며, 바로 그 신이 지상에서의 불의한 일을 나중에 다 갚을 것이라고 말한다. 로크가 주장하는 것은 '수동적 복종'이지, 결코 '적극적 불복종'이 아니다. 각자의 확신이 현세에서 모두 정치적으로 실현되기를 기대하는 것은 무리일 뿐만 아니라 도리어 파괴적이기까지 하기 때문이다.

사변적 교리에 관해서는 그것이 정치의 영역과 전혀 무관하므로 통치자가 전적으로 관용해야 한다면, 실천적 교리에 관해서는 어디까지나 그것이 시민의 공동생활에 해를 끼치지 않는 한에서만 통치자가 관용할 수 있다. 바로 국가와 교회의 분리, 정치와 종교의 분리라는 원칙에 입각하여 로크는 다음과 같은 경우에 불관용이 오히려 정당하다고 주장한다. 반사회적인 교리, 사회해체적인 교리는 관용의 대상이 아니다. 국가 권력을 전복하려는 의도를 숨기고 있는 비교秘教는 관용의 대상이 아니다. 타종교에 대해 자신들의 종교가 시민적 특권을 지니고 있다고 주장하는 교리, 즉 다른 교회를 관용하지 않는 교리는 관용의 대상이 되지 못한다. 또한 어느 교회사회에 가입하는 것 자체가 다른 군주의 보호 아래, 즉 다른 정치사회에 들어가는 것을 의미하고, 따라서 그에 대한 대가로 그 군주에게 정치적으로 충성해야 하는 그런 교회사회는 국가와 교회의 구분을 파괴하는 것이므로 관용될 수 없다. 마지막으로 무신론자는 관용의 대상이 될 수 없다.

로크에 따르면 무신론자는 신의 존재 자체를 믿지 않으므로 일단 국가와 교회, 정치와 종교의 구분에 따른 '종교적' 관용의 대상이 될 수 없다. 그러나 신을 믿지 않는 것은 로크에게 그보다 더 큰 의미를 가진다. 어떤 사람이 무신론자라는 것은 그에게 어떠한 두려움의 대상도 없으며, 따라서 그 대상을 두고 어떠한 맹세도 할 수 없고, 그러므로 그와 어떠한

계약도 맺을 수 없음을 의미한다.[83] 로크에게 무신론은, 오늘날 그것을 우리가 일종의 종교적 선택이나 지적 취향의 문제인 것처럼 여기는 것과 달리, 국가와 교회, 정치와 종교 간의 경계를 허무는 정도가 아니라 종교 자체와 국가 자체를 아예 불가능하게 하는 반사회적 생각이다. 우리는 로크가 가톨릭과 무신론을 관용의 대상에서 결과적으로 제외했다는 사실에서 그의 관용론이 편협하다는 인상을 받기 쉽다.[84] 그러나 사실 로크의 관용론은 국가와 교회의 구분에 기초하여 각 영역이 온전히 자유를 누리는 것을 목표로 삼고 있을 뿐, 특정 종교나 사상 체계를 억압하기 위한 전략적 이론이 결코 아니다. 오늘날 가톨릭교회는 더는 관용의 대상에서 제외될 필요가 없으며, 무신론 역시 그러할 것이다. 그것들이 더는 정치사회의 유지를 불가능하게 하지도 않으며, 국가와 교회의 구분을 파괴하지도 않기 때문이다. 그러나 두 영역의 구분을 파괴하는 또는 각 영역의 존재 자체를 불가능하게 하는 그 어떤 실천적 교리를 주장하는 교회나 집단이 등장한다면, 시민들의 공동생활을 보호하는 것을 임무로 하는 국가는 그러한 집단과 그러한 교리를 결코 관용할 수 없을 것이다.

결론으로 로크는 국가와 교회라는 두 영역의 구분을 무시한 억압, 즉 어느 한 교파가 통치자의 힘을 이용해 다른 교파를 억압하는 것이 오히려 평화를 저해한다고 주장한다. 따라서 특정 교파에 대한 시민적 권리의 부당한 박탈이 중지되고 국가와 교회의 구분이 제대로 이루어지며 통치가 은총에 기초한다는 생각이 사라지면, 한마디로 관용이 실천되면, 그때에 평화가 이루어질 것이라고 주장한다. 이러한 주장의 이면에는 17세기 잉글랜드가 직면한 상황, 곧 국가교회state church로의 '통합'과 교파교회denomination로의 '분리'라는 두 가지 대립적인 운동이 놓여 있다.《편지》에서 로크는 줄곧 교회를 자발적인 결사체로 간주하고서 각 사람이 자유롭게 자신의 영혼을 위해, 필요한 시간과 장소에서 필수적이라고 믿는 방식으로 예배하도록 허용할 것을 주장한다. 이러한 주장이 관용을 요구하는 주장이 되는 것은 그때까지 국교도가 아닌 비국교도들은 별도의 공개적인 회합을 가질 수 없었고 공식적으로는 국교도와 함께 국교회의 방식으로 예배를 드려야 했기 때문이다. 비국교도들에 대한 관용을 둘러싼 당시의 논의들은 국가교회로의 통합과 교파교회로의 분리라는 양극단 사이의 어느 곳에 위치하고 있었다. 종교개혁으로 일단 가능하게 된 종파의 분리를 국가의 강제력으로 막을 수도 없었지만, 그렇다고 해서 교회의 통일성을 포기하고 모든 종파에게 자유를 허용할 수도 없었다. 국가교회로의 통합을 주장하는 사람에게는 비국교도들에게 예배의 자유를 허락하는 것이 단순히 종파의 분리를 부추기는 것뿐만 아니라, 궁극적으로 정치적 분열을 초래하는 것처럼 여겨졌다. 그래서 로크는 이 비국교도들에게 따로 모여 예배할 자유를 허락하는 것이 결코 정치적 통합을 해치지 않을 것이라고 주장하는 것이다.

　로크의 주장은 종파가 분리되어 있는 현실에 기초한다. 사람들이 자신들의 영혼의 구원을 위해 자발적으로 하나의 종교사회를 형성하려고 하는데, 그러한 실질적 사회를 외면하고 기존에 존재하는 교회사회의 틀에 억지로 끼워 맞추려고 강제력을 사용한다면 그것이야말로 오히려 평화를 해치는 것이라는 주장이다. 정치적 분란을 일으키는 것은 교파교회라는 현실의 억압이지, 결코 그 현실에 대한 인정이 아니라는 말이다. 1689년에 공포된 잉글랜드의 관용법은 이러한 현실을 국가교회의 틀 속에서 부분적으로 인정한 일종의 타협이었다. 그리고 이러한 타협에 로크도 어느 정도 만족했다. 그가 원한 것은 현실과 법 제도의 조응이었지, 어떠한 관념적 목표의 실현이 아니었기 때문이다. 그러나 종교의 자유를 찾아 아메리카로 떠난 사람들에게는 그러한 타협이 불필요했다. 다양한 종파에 속한 사람들이 그곳에서 각자의 종교적 자유를 누렸다. 그러한 미국의 현실 속에서 로크의《편지》는 다른 제도적 결과를 가져왔다. 그것은 오늘날 우리가 미국이나 한국에서 보는 것과 같은 철저한 교파 중심의 교회 체제이다. 미국이 독립선언을 한 1776년에 스미스Adam Smith는 자신의 책《국부론An Inquiry into the Nature and Causes of the Wealth of Nations》에서 자유로운 시장 경쟁 체제를 옹호하면서 종교에서도 국가교회라는 독과점의 시대가 끝나고 교파

교회라는 자유 경쟁의 시대가 등장하고 있음을 예견하였다.

3. 21세기 지구화 시대의 《관용에 관한 편지》

《편지》는 발표된 지 100년이 채 지나지 않아서 미국 헌법의 1차 개정안에 구체적으로 표현되었다. "연방의회는 국교를 정하거나 또는 자유로운 신교 행위를 금지하는 법률을 제정할 수 없다."[85] 로크가 《편지》에서 옹호한 종교적 관용은 오늘날 대부분의 자유주의 국가에서 보장되고 있다. 신앙을 강제로 주입하려는 시도는 사라졌고, 예배 형식의 상이함은 존중되고 있다. 교리적 차이를 둘러싼 논쟁도, 때로는 폭력적 충돌로까지 이어지기는 하지만, 대체로 로크가 희망한 대로 말싸움에서 그친다. 물론 다른 종교에 대해, 다른 종파의 예배 형식이나 교리에 대해 불관용적인 종파들도 여전히 존재한다. 그러나 세속 권력을 이용해 자신들이 동의하지 않는 종교나 종파를 억압하는 것은 불가능해졌다. 현대의 자유주의 국가들이 종교적으로 중립을 표방하기 때문이다. 그렇기 때문에 오늘날 로크의 주장은 진부해 보이기도 하고 다소 보수적으로 느껴지기도 한다. 그렇다면 이제 《편지》는 더는 읽을 필요가 없는 것일까? 《편지》는 시의성을 상실한, 단지 사료적 가치만을 가지는 고문서에 불과한 것일까? 그렇지 않다면《편지》의 현재적 의미는 과연 무엇일까?

로크의 시대에 잉글랜드라는 하나의 정치공동체 안에서 분리와 통합이라는 상반된 운동의 원인이 된 것은 종교였다. 그리고 정치공동체와 종교공동체의 경계를 일치시키려는 노력은 피나는 전쟁을 불러일으켰다. 17세기의 사람들은 정치와 종교, 국가와 교회를 분리시킴으로써 이 문제를 해결하려고 하였다. 그렇게 종교는 더는 문제가 되지 않는 것처럼 여겨졌다. 그러나 20세기에 종교는 민족주의와 결합하여 다시금 분리와 통합이라는 대립적 운동의 원인이 되었다. 민족공동체와 정치공동체의 경계를 일치시키려는 노력이 일어난 것이다. 정치공동체 안의 여러 민족들을 하나의 국민으로 주조하려는 통합주의적 노력은 민족적 정체성에 대한 억압으로 이어졌고, 하나의 민족공동체를 하나의 정치공동체로 만들려는 분리주의적 노력은 내전으로 이어졌다. 민족적 정체성에 그 어떤 고유한 종교적 정체성이 덧붙여질 경우에 갈등은 더욱 거세졌다. 냉전체제하에서 일시적으로 얼어 있었던 민족과 종교라는 요소는 냉전의 해체와 함께 다시 등장하여 통합주의와 분리주의라는 대립적 운동의 원인이 되고 있다.

소련의 영향 아래 있던 지역에서 민족적 통합과 분리라는, 서구 선진국의 시각에서는 20세기적인 문제가 여전히 현재적이라면, 자본주의가 발달한 서구의 선진국에서는 이른바 '다문화주의'라는 21세기적 문제가 새롭게 제기되고 있다. 자본주의 경제 체제의 지구화와 함께 증가하게 된 인구의 이동은 하나의 정치공동체 안에 다양한 민족적, 문화적, 언어적, 종교적 공동체를 만들었다. 시장에서의 노동력 이동이 노동력뿐만 아니라 다른 것들의 이동까지도 초래한 것이다. 또한 17세기의 잉글랜드에서 다양한 종파들의 등장이 통합과 분리의 대립적인 운동의 원인이 되었듯이, 오늘날 서구 선진국에서는 다양한 문화적 집단들의 존재가 통합과 분리의 대립적인 운동의 원인이 되고 있다. 이러한 상황 속에서 문화적 차이들을 정치적 통합의 저해 요인으로 간주하고 억압해야 한다는 주장에서부터 모든 문화적 차이들의 백화제방百花齊放을 허용해야 한다는 주장에 이르기까지 다양한 의견들이 개진되고 있다.

이러한 오늘날의 상황에서 로크의 《편지》를 읽어 얻을 수 있는 시사점은 과연 무엇일까? 국가를 문화적으로 중립적인 정치사회로 정의하고 종교를 비롯한 여러 사적인 정체성 요소들을 귀속적인 것이 아닌 선택적인 것으로 정의하여 서로 관용하도록 할 수 있을까? 이러한 방식의 관용에 끊임없이 제기되는 비판은 개인의 정체성 요소들이 결코 선택적인 것이 아니라는 것 외에도 이른바 중립적이라고 간주되는 국가가 결코 문화적으로 중립적일 수 없다는 것이다. 로크의 관용론에서도 종교적으로 중립적인 국가는 어디까지나 그리스도교적 틀 안에서 여러 종파들에 대해 중립적인 국가였지, 무신론까지도 포함하는 의미에서 종교적으로 중립적인 국가는 아니었다. 그리고 오늘날 종교적으로 중립적이라고 표방하는 서구의 자유주의 국가들도 여전히 그리스도교적 편향을 지니고 있다고 비판받고 있다. 하물며 민족적으로, 언어적으로, 문화적으로 중립적인 국가란 사실상 불가능하다. 그런 의미에서 자유주의가 전제하는 국가의 중립성은 어쩌면 하나의 신화인지도 모른다. 그러나 국가의 중립성이 허구적이라는 사실이 로크의 관용론을 오늘날 무의미한 것으로 만들지는 않는다. 로크가 추구한 것이 국가의 중립성 그 자체가 아니었기 때문이다.

로크가 추구한 것은 자유로운 정치공동체를 통한 개인의 자유의 보장이었다. 개인의 자유와 공동체의 자유가 유기적으로 연결되는 상태를 로크는 이상적으로 추구했다. 그리고 이러한 상태를 그는 공화국이라고 불렀다. 종교적 혹은 문화적 중립 자체가 로크가 생각한 공화국의 목적은 아니었다. 그것은 어디까지나 정치공동체의 자유와 개인의 자유를 보장하기 위한 수단이었다. 로크가 요구한 것은 사회적 맥락과 무관한 국가의 기계적 중립이 아니었다. 오늘날의 다문화적 상황에서 국가가 문화적으로, 종교적으로, 언어적으로, 민족적으로 중립을 취하는 것은 가능하지 않을 뿐만 아니라 그것이 개인의 자유와 정치공동체의 자유를 보호하는 데 더 유익하지도 않다. 왜냐하면 오늘날 정치사회의 자유와 그 안에서의 개인의 자유를 근본적으로 침해하는 것은 종교, 민족, 언어 공동체가 아니라 오히려 시장이기 때문이다. 국가에 대한 시장의 영향력이 커질수록 사람들의 시민적 자유는 물론 종교적, 언어적, 문화적 자유마저 침해받는다. 교회가 국가를 지배할 때에 시민적 자유는 물론 종교적 자유도 사라지는 것과 마찬가지이다. 한국 사회에서 오늘날 영어라는 이민족의 언어가 지배적인 언어로 군림하고 있는 것은 그 말을 사용하는 언어공동체가 한국 사회에서 수적으로 다수여서 정치권력을 통해 자신들의 언어적 정체성을 타인에게 강요하고 있기 때문이 아니라, 시장이 정치를 비롯한 다른 문화 영역마저도 지배하고 있기 때문이다. 이러한 상황에서 국가가 단지 종교적, 언어적, 민족적, 문화적으로 기계적인 중립을 취하는 것은 사실상 종교와 언어, 민족과 문화에 대한 시장의 전제적 지배를 허용하는 것이다. 로크가 《통치론》에서 묘사한 의회를 통한 시민의 정치적 자기 지배는 오늘날에도 결코 포기될 수 없는, 정치공동체의 자유와 개인의 자유를 위한 중요한 정치적 수단이다. 정치가 다른 어떤 종교적, 문화적, 민족적 정체성 집단이나 돈이 아니라 시민의 지배를 받도록 하는 것이야말로 정치가 다른 영역의 전제적 지배를 받지 않도록 하는 최선의 방법이다. 그리고 시민적 지배를 실현하는 길은 시민들이 지니고 있는 사적인 여러 정체성 요소들과의 관계에서 국가가 기계적 중립을 취하는 것이 아니라, 그것들 사이에 울타리를 쳐 각 영역의 자율성을 보장하는 것이다. 각 영역들 사이에서 이루어지는 비지배적 균형의 상태가 시민의 자유는 물론 사적인 정체성을 지닌 개인들과 공동체의 자유도 보호해줄 수 있다는 것이 로크가《편지》와《통치론》을 통해 자본주의적 다문화사회에 살고 있는 우리에게 전하는 메시지이다.

1   이 서문은 포플William Popple이 1689년에 로크John Locke의《관용에
　　　관한 편지*Epistola de Tolerantia*》(이하《편지》)를 영어로 옮겨 출판하면
　　　서 붙인 것이다. 오랫동안 포플의 영역본은, 사실 로크 자신이 옮긴
　　　것도 아니고 공인한 것도 아니지만, 마치 로크 자신의 글인 것처럼
　　　각종 저작선집에 실렸으며, 더불어 포플의 서문도 로크가 붙인 서문
　　　인 것처럼 여겨져왔다. 그렇지만 이 서문이 오랫동안《편지》의 서문
　　　노릇을 해왔을 뿐만 아니라, 당시의 시대 상황과 함께 불관용의 희
　　　생자였던 포플의 절박한 심정을 또한 엿볼 수 있게 해준다는 측면에
　　　서 충분한 사료적 가치를 가진다고 여겨서 여기에 함께 옮겼다.

2   포플의 영어본보다 앞서 출간된 네덜란드어본이나 불어본은 아직
　　　까지 발견되지 않고 있다. 림보르흐Philippus van Limborch와 르클레
　　　르Jean Le Clerc의 편지는 라틴어본이 출간되고 나서 몇 달 후에 네
　　　덜란드어본이 출간되었음을 증언하고 있지만, 네덜란드의 어느
　　　도서관에서도, 로크 자신의 장서 목록에서도 그 번역본은 발견되
　　　지 않았다. Raymond Klibansky, "Preface", John Locke, *Epistola de
　　　Tolerantia*(Oxford: Clarendon Press, 1968), xxvii쪽 참조.

3   신교信敎자유정책과 포용정책은, 전자는 국왕의 대권에 의해, 후

자는 의회에 의해 제공된, 비국교도의 고통을 줄여주기 위한 두 가지 방법이었다. 왕정복고 직전에 이미 브레다 선언(1660년 4월 4일)을 통해 찰스Charles 2세는 종교의 자유를 허락할 것임을 약속했으며, 1672년 3월 15일에 신교자유를 선언하였다. 그러나 그것이 잉글랜드 국교회의 통일성을 해치고 로마 가톨릭교도들의 공직 진출을 허용하는 것이라고 여긴 하원은 다음 해에 그 선언의 실효失效를 선언하였을 뿐만 아니라, 가톨릭 교리의 거부를 공무담임의 전제 조건으로 삼는 심사령을 제출하여 1678년에 통과시켰다. 제임스James 2세 역시 1687년과 1688년에 두 차례에 걸쳐 신교자유 선언을 공포하였다. 그러나 이 선언들은 마찬가지로 거센 항의에 직면하였다. 마침내 노팅엄 백작에 의해 두 개의 법안, 곧 포용법안 Comprehension Bill과 관용법안Toleration Bill이 제출되었다. 포용법안은 재량에 속하는 것을 폭넓게 정의함으로써 국교회의 경계를 확장하려는 것이었고, 관용법안은 도저히 국교회에 가입할 수 없는 사람들에게 관용을 베푸는 것이었다. 포용법안은 국교도들의 반대로 인해 결국 포기되었지만, 관용법안은 별 어려움 없이 양원에서 통과되었다. 그러나 로마 가톨릭교도는 유니테리언, 유대인, 비신자와 마찬가지로 관용의 혜택에서 배제되었다.

4   EPISTOLA DE TOLERANTIA ad Clarissimum Virum T.A.R.P.T. O.L.A. Scripta a P.A.P.O.I.L.A.(ad Clarissimum Virum Theologiae Apud Remonstrantes Professorem Tyrannidis Osorem Limburgium Amstelodamensem Scripta a Pacis Amico Persecutionis Osore Ioanne Lockio Anglo) 1689년 하우다Gouda에서 출판된 라틴어본의 표지에 적혀 있는 암호와 같은 문구는 《편지》의 저자와 수신자를 감추고 있다. 로크 사후에야 비로소 르클레르에 의해 그 암호의 뜻이 위와 같이 풀이됐다. Raymond Klibansky, "Preface", xviii쪽 참조.

5 〈누가복음〉 22장 24절 이하에 따르면, 제자들 사이에서 누가 더 위인지를 따지는 다툼이 일어나자 예수가 그러한 생각이 세속적인 것임을 지적하면서 서로 섬기는 자가 되어야 한다고 가르친다. 예수는 베드로에게 이러한 생각이 사탄의 시험이므로, 베드로의 믿음이 사탄의 시험으로 인해 떨어지지 않도록 자신이 기도한 것처럼, 베드로 역시 그 자신을 돌이킨 후에는 다른 사람의 믿음을 굳세게 해주는 사람이 되라고 권면한다.

6 "그리스도 안에서는, 할례를 받거나 안 받는 것이 문제가 되는 것이 아닙니다. 가장 중요한 것은, 사랑으로 역사하는 믿음입니다."(〈갈라디아서〉 5장 6절)

7 "나는 '아들이 제 아버지를, 딸이 제 어머니를, 며느리가 제 시어머니를 거슬러서 갈라서게' 하러 왔다. '사람의 원수가 제 집안 식구'일 것이다. 나보다 아버지나 어머니를 더 사랑하는 사람은 내게 적합하지 않고, 나보다 아들이나 딸을 더 사랑하는 사람도 내게 적합하지 않다."(〈마태복음〉 10장 35~37절)

8 로마 시대의 군단legio은, 병력 인원은 시대에 따라 달랐으나 보통 10개의 보병대cohors와 3개의 기병대equitatus로 편성되었다. 그러므로 보병대는 개념상 군단의 십분의 일 수준의 병력을 의미한다.

9 이 글에서 'civitas'는 '국가'로, 'res publica'는 주로 '공화국'이나 때로는 '국가'로 옮겼다. 로크는 《통치론*Two Treatises of Government*》에서 'commonwealth'라는 말을 "민주정이나 여하한 정부 형태를 의미하는 것이 아니라, 라틴 사람들이 'civitas'라는 말로써 가리키던 '독립적인 공동체'를 의미하는 것으로 이해해야 할 것"이라고 언급하면서, 영어에서 'civitas'에 가장 상응하는 단어가 'commonwealth'이며, 'civitas'가 영어에서 "공동체community나 도시city가 표현하지 못하는 인간사회를 적절히 지칭한다"고 주장한다. 그리고 그 이유

가 하나의 정부 안에 많은 하위의 공동체가 존재할 수 있기 때문이며 나아가서 도시라는 것이, 이탈리아인들에게 의미하는 바와 달리, 잉글랜드인들에게는 국가와 매우 다른 것을 의미하기 때문이라고 덧붙인다(존 로크,《통치론》, 강정인·문지영 옮김(까치, 1996), § 133). 로크는 '공화국'이라는 표현을, 왕정에 반대되는 정부 형태가 아니라, 독립적이며 자유로운 정치공동체를 일컫는 데 사용하고 있다. 스피노자Benedictus de Spinoza와 로크는 왕정이라는 제도를 반대하지 않으면서 공화주의적 자유를 옹호한 17세기의 대표적인 사상가이다. '공화국'이라는 단어가 왕정을 반대한 엄격한 공화주의자들만의 전유물이 아님을 강조하기 위해 이 글에서는 모호한 '국가'라는 표현 대신 '공화국'이라는 표현을 적극적으로 사용했다. 17세기의 공화주의적 자유론에 관해서는 퀜틴 스키너,《퀜틴 스키너의 자유주의 이전의 자유》, 조승래 옮김(푸른역사, 2007)을 참고하라.

10 '세속적civilis'이라는 말은 우리말의 부정적 어감과 무관하게 단지 내세에 관한 것이 아니라는 뜻이다. 이하에서 이 말이 '교회적'이라는 말과 반대되는 의미로 사용될 때에는 '시민적'이라고도 옮겼다.

11 《통치론》, §3에서는 '정치권력'의 목적이 '재산을 규제하고 보전하는 것'과 '국가commonwealth를 외적의 침입에 맞서 방어하는 것'이라고 되어 있으나,《편지》에서는 국가 안보가 생략되어 있다. 17세기에 너무도 다양한 함의를 지녔던 'bona'라는 단어를 포플은 'interests'로, 고프는 'goods'로 옮기고 있다.

12 '세속 통치자magistratus civilis'는 공화국의 행정과 사법 업무를 담당하는 '시민 행정관'을 의미한다. 그가 반드시 왕일 필요는 없으나 왕을 배제하는 것도 아니므로, 포괄적인 의미에서 '통치자'라고 옮겼으며, 종교적·영적 통치자와 반대되는 것을 의미할 때는 그 의미를 강조하기 위해 '세속' 통치자라고 옮겼다.

13 통치자의 권력이 통치자 개인의 힘이 다른 모든 신민들의 힘보다 월등한 데에서 비롯하는 것이 아니라 피치자의 동의에 의한 권한의 위탁에 근거하듯이, 통치자의 힘은 모든 신민이, 그러나 사실상 다수의 신민이 자신의 신체적 힘을 사용하도록 제공하는 데에서 비롯하는 것이다. 신민의 실질적인 힘vis의 제공이 없다면, 통치자는 신민의 재산 보호protectio는 물론 외적에 맞서 방어defensio도 할 수 없다.

14 로크는 통치자의 그리스도인, 곧 사인私人으로서의 행동과 통치자, 곧 공인公人으로서의 행동을 구분한다. 이러한 구분은 통치자와 같은 공직자에게만 필요한 것이 아니라, 정치공동체에서 살고 있는 모든 시민에게도 필요하다. 이 구분은 공화국과 교회, 정치와 종교라는 영역의 구분에 의존한다.

15 이 말은 처벌의 강제력이 구원에 유익한가를 둘러싼 오래된 논쟁을 배경으로 삼고 있다. 아우구스티누스Augustinus는 히포의 주교가 되고 나서 초기의 관용적인 입장을 바꿔 강제가 유용할 수 있다고 주장했다. 강제가 잘못된 생각을 가진 사람에게 우선 재고의 기회를 주기 때문에 유용하며, 설령 그가 생각을 바꾸지 않더라도 그의 잘못된 생각이 그 이상 확산되는 것을 막을 수 있기 때문에 궁극적으로 유용하다는 것이다. 그것의 극단적인 형태가 잉글랜드에서도 16세기까지 지속된 이단자 심문inquisition이었다. 그러나 로크는 강제가 행여 생각을 바꿀 수 있더라도 그것이 결코 영혼의 구원을 의미하지는 않는다고 주장한다. 왜냐하면 로크에게 구원은 영적 자유이며, 따라서 그것은 시민의 정치적 자유가 강제적 복종이 아닌 자발적 동의에 근거하듯이 어디까지나 자기의 확신에 근거하기 때문이다. 관용에 대한 아우구스티누스의 입장에 관해서는 Rainer Forst, "Die Ambivalenz christlicher Toleranz", Manfred Brocker·Tine Stein

(Hrsg.), *Christentum und Demokratie*(Darmstadt: Wissenschaftliche Buchgesellschaft, 2006), 63~67쪽을 참고하라.

16 "생명으로 이끄는 문은 너무나도 좁고, 그 길이 힘해서, 그곳을 찾아오는 사람이 별로 없다."(〈마태복음〉7장 14절)

17 〈마태복음〉18장 20절.

18 'communio'는 다양한 의미를 가지고 있다. 그것은 신자들의 사귐을 뜻하기도 하고, 사귀면서 무엇인가를 나눔을 의미하기도 하며, 의례를 통해 나누는 성체聖體를 의미하기도 한다. 또한 그러한 나눔을 통해 이루어지는 그리스도 안에서의 신비한 교통交通을 의미하기도 한다. 각각의 경우에 따라 이 글에서는 'communio'를 교제交際, 사귐, 나눔, 영성체領聖體 등으로 옮겼다.

19 〈사도행전〉 19장에 나오는 이야기이다. 에베소에 그리스 신화에 등장하는 여신 아르테미스(로마 신화에서는 디아나)의 신상 모형을 만드는 데메드리오Demetrius라고 하는 은장색銀匠色이 있었는데, 우상숭배를 금하는 그리스도교가 바울의 전도에 힘입어 서아시아 전역에 퍼지자 자신의 수입이 줄어들 것을 염려한 데메드리오가 동업자들을 선동하였고, 흥분한 무리가 바울의 일행을 붙잡아 연극장으로 몰려가 그곳에서 "크다 에베소 사람의 아르테미스여!"라고 두 시간이나 외쳤다. 마을의 서기장이 무리를 진정시키고, 그들에게 범법 사실이 있으면 정식으로 민회에서 처리해야지, 까닭 없이 소요를 일으켰다가는 오히려 마을이 위험에 빠질 수 있다고 설득하여 무리를 해산시켰다.

20 교회법에 따라 교회의 구성원을 다스리는 것을 교회에서는 '치리治理'라고 한다. 'disciplina'라는 말이 비종교적인 맥락에서는, 푸코Michel Foucault의 경우에서처럼, '훈육', '기율'이라는 뜻을 가지기도 하지만, 이 글에서는 어디까지나 교회법적인 의미로만 사용되므로

'치리'라고 옮겼다.

21   로크의 이러한 주장은 역설적으로 당시의 출교 조치가 교회 구성
원으로서의 권리는 물론 정치공동체의 구성원으로서의 시민적 권
리도 박탈했음을 우리에게 말해준다. 왕비와의 이혼을 원했던 헨
리Henry 8세는 교황에 의해 가톨릭교회에서 출교당할 경우에 자신
의 시민적 권리, 즉 왕권마저 박탈되기 때문에, 자신이 먼저 로마 가
톨릭교회로부터 영국 국교회의 분리를 선언했다. 1656년에 유대교
공동체에서 파문당한 스피노자는 단지 종교적으로만 배제되지 않
고 사회경제적으로도 배제되었는데, 그것은 네덜란드 당국이 그의
시민적 권리를 박탈했기 때문이 아니라 파문당한 자와의 일체의 접
촉을 금지하는 유대인 공동체의 법에 따라 종교적 배제가 사회경제
적 배제로까지 이어졌기 때문이다. 데이비드 리스, 《암스테르담의
커피 상인》, 서현정 옮김(대교베텔스만, 2006)은 17세기 경제적 황
금기를 구가하던 네덜란드에서 출교당한 유대인의 경제적 삶이 어
떠했는지를 짐작할 수 있게 해준다.

22   16세기와 17세기에 네덜란드에서는 칼뱅주의의 절대예정uncondi-
tional predestination 교리를 둘러싸고 신학 논쟁이 벌어졌다. 당시 네
덜란드에는 칼뱅주의적 개혁신학이 이미 뿌리를 내리고 있었지만,
르네상스 인문주의와 재세 파의 전통 역시 살아 있었다. 인간의 이
성과 자유의지를 강조한 당시의 대표적인 학자로는 코른헤르트
Dirck Coornhert(1522~1590)와 아르미니우스Jacobus Arminius(1560
~1609)가 있었다. 아르미니우스는 레이덴 대학에서 교육을 받고,
제네바에서 칼뱅Jean Calvin의 제자 베자Theodore Beza(1519~1605)
에게 신학을 배웠다. 1588년에 암스테르담에서 목회를 시작한 그
는 성실한 개혁교회의 목사였다. 1603년에 레이덴 대학의 신학교
수가 된 그는 어느 날 코른헤르트의 신학 사상에 대해 반론하라는

요청을 받았는데, 그의 사상을 깊이 연구하는 과정에서 오히려 그의 사상에 동조하게 되었다. 그래서 그는 하나님의 은총은 선택된 자들에게만 주어지지 않고 모든 사람에게 주어졌으며, 인간은 누구나 이성과 자유의지를 사용하여 그 은혜를 받아들이기만 하면 구원을 얻는다고 주장하였다. 이 주장을 같은 대학의 동료 신학교수 고마루스Franciscus Gomarus가 비판하면서 신학 논쟁이 벌어졌다. 이 논쟁은 네덜란드 전역으로 확산되었고 네덜란드 교회는 양분되어 내전 상태에 이를 정도로 갈등이 고조되었다. 아르미니우스가 세상을 떠난 후에 그의 추종자들은 1610년 홀란트와 프리슬란트 정부에 자신들의 신조를 다섯 개로 정리한 '항명서'를 제출했다. 이 일을 계기로 그들은 '항의하는 자들Remonstrantes'이라는 이름을, 그들에 반대하는 강경 칼뱅주의자들은 '반항명파Antiremonstrantes'라는 이름을 얻게 되었다. 그러나 1619년에 열린 도르트레흐트 공의회는 그 다섯 개 신조 가운데 인간의 전적인 타락을 제외한 나머지 네 개 모두를 비판하는 이른바 '칼뱅주의 5대 교리'를 채택했다.

23 로크는 'gravius'라는 비교급을 사용하고 있다. 왜냐하면 이러한 사람은 잘못을 범할 뿐만 아니라 교만하기까지 해서 이중으로 죄를 짓기 때문이다.

24 지배가 신의 은총 속에 뿌리를 둔다는 시각은 14세기 잉글랜드의 신학자 위클리프John Wycliffe에 의해 견지되었다. 그러나 여기에서 로크는 아마도 제5왕국파Fifth Monarchy Men나 천년왕국론자Millenarians와 같이 재림 예수의 직접적인 세상 통치를 믿는 종파들을 염두에 두고 있었을 것이다. 권력이 '성자들'의 손에 곧 넘어갈 것이라는 그들의 믿음은 사람들에게 크롬웰Oliver Cromwell의 호국경護國卿 체제를 두려워할 원인을 제공하기도 했다.

25 "그때에 베드로가 다가와서 예수께 말하였다. '주님, 한 신도가 내게

죄를 지을 경우에, 내가 몇 번이나 용서해주어야 합니까? 일곱 번까지 해야 합니까?' 예수께서 대답하셨다. '일곱 번까지가 아니라, 일곱 번을 일흔 번까지라도 해야 한다.'"(《마태복음》18장 21~22절)

26 로크는 '통치권적magisterial' 관심의 대상과 '자선적charitable' 관심의 대상을 구분하고, 영혼이라는 자선적 관심의 대상에 무력이라는 수단이 사용될 수 없음을 분명히 한다. 어떠한 대상에 통치권적 관심을 갖는 것은 통치자의 공인公人으로서의 측면이고, 자선적 관심을 갖는 것은 통치자의 사인私人으로서의 측면이다. 대상의 구분과 함께 주체의 역할을 구분하는 것이 관용의 실천을 위해 무엇보다도 중요하다.

27 구원이 전적으로 신의 의지에 달린 문제가 아니라 인간의 자유의지에 달려 있으며, 심지어 신조차도 인간의 의지를 거슬러 억지로 구원할 수 없다는 로크의 주장은 반反칼뱅주의적일 뿐만 아니라 보편적 구원의 가능성을 옹호했을 뿐인 아르미니우스의 주장마저 넘어서는 것이다.

28 소치누스주의Socinianism는 라일리우스 소치누스Laelius Socinus와 그의 조카인 파우스투스 소치누스Faustus Socinus의 활동으로 이탈리아에서 시작되어 주로 폴란드에서 번성한 16세기의 종교 운동이다. 소치누스파는 예수를 신의 계시로는 보지만 직무상 신적인 존재일 뿐, 그 본성은 신이 아닌 사람이라고 주장함으로써 삼위일체설을 부인했다. 1579년 파우스투스 소치누스는 폴란드의 소小개혁교회 (폴란드 형제단)의 지도자가 되었으며, 그를 따른 교회는 약 300개에 달했다. 이 교단의 중심지는 라쿠프에 있었으며, 이곳 대학에서는 많은 소치누스주의 서적들이 출판되었다. 그러자 로마 가톨릭교회는 1638년에 이 대학교와 출판사의 문을 강제로 폐쇄해버렸다. 또한 폴란드 의회는 1658년 소치누스파에게 망명을 하거나 가톨릭

의 정통 삼위일체 교리에 복종할 것을 요구하였다. 소치누스파는 19세기까지 유럽에 남아 있었으며, 주로 트란실바니아, 네덜란드, 독일에서 활동하였다. 소치누스주의는 영국의 유니테리언파 주창자인 비들John Biddle에게 영향을 끼쳤다.

29 아리우스파는 4세기에 예수의 신성을 부인한 알렉산드리아 교회의 사제司祭 아리우스Arius를 따랐던 무리를 일컫는다. 니케아 공의회(325년)에서는 아리우스의 주장을 이단으로 규정하고 배척했으나, 그 뒤 아리우스와 그 일파는 콘스탄티누스Constantinus 1세에게 접근하는 데 성공하여 콘스탄티누스 2세 치하에서는 전 로마 제국을 지배할 만큼의 세력을 떨쳤다. 콘스탄티누스 2세 때 아리우스파는 '성자는 성부와 같지 않다'는 과격한 입장을 선언하여 온건파를 자극하기도 했다. 이 무렵부터 강경한 아리우스파와 반半아리우스파의 분열이 일어난 데다가 황제의 죽음(361년)까지 겹치면서 그 세력이 급속도로 약해졌다. 제1회 콘스탄티노플 공의회(381년)는 니케아 신경信經을 재확인하고 아리우스파 문제에 종지부를 찍었다.

30 '중립적인 것'은 신학에서 오랫동안 사용되어온 개념이며, 로크의 관용론에서도 핵심을 차지한다. 스토아학파는 선하지도 않고 악하지도 않은 행위를 가리키는 윤리적 단어로 '아디아포로스$\alpha\delta\iota\alpha\phi o\rho o\varsigma$'를 사용했다(Cicero, 《최고선에 관하여De Finibus》, III. 16 참조). 기독교 신학에서 이 단어는 신이 명령하지도 않고 금지하지도 않은 행위에 적용되었다. 종교 예배에서 이 단어는 그 준수가 구원에 필수적이지 않은 외적인 요소를 의미하게 되었다. 아퀴나스St. Thomas Aquinas의 《신학대전Summa Theologiae》에서 그 단어는 내적인 은총과 필연적인 적합성이나 부적합성을 가지지 않는 외적 행위를 가리킨다. 하나님의 왕국은 원칙적으로 내면의 행위로 이루어진다. 정의, 평화, 그리고 영적인 기쁨gaudium spirituale과 비교할 때, 이러

저러한 음식을 먹는 것과 같은 외적인 행위는 무관한/중립적인 것이다. 종교개혁가들은 동일선상에서 '아디아포리즘adiaphorism'이라는 관념을 전개하였다. 멜란히톤Philipp Melanchthon은 《신학적 주제들Loci Theologici》에서 "하나님의 법으로 명령되거나 금지되지 않은, 그 본성에 따라 중립적인 어떤 일Quaedam opera sua natura sunt ἀδιάφορα, quae nec praecepta sunt lege Dei, nec prohibita"이라고 언급하고서 고기를 먹거나 수도복을 입거나 하는 것을 그 예로 들었다. 칼뱅 역시 《기독교강요Institutio Religionis Christianae》에서 외적인 것들을 "그 자체로 중립적인 것quae per se sunt ἀδιάφοραι"이라고 지칭하고, 그것들이 중립적으로indifferenter 행해질 수도 있고 행해지지 않을 수도 있다고 말했다. 잉글랜드 프로테스탄트들에게 그 단어는 도덕적으로 중립적인 행위라는 윤리적 의미를 가졌지만, 또한 종종 외적인 행위나 준수에 적용되기도 했다. 공동기도서의 서문은 '사용될 것이 지정된 신성한 예배의 특정 형태, 그리고 의례와 예식들은' '그것들의 고유한 본성에서 중립적인 것이며, 변경 가능한 것'이라고 묘사했다. 그리고 옥스퍼드 영어사전에는 다음과 같은 예가 기록되어 있다. 그 하나는 폭스Richard Foxe가 부활절 날짜를 'adiaphoron', 곧 교회에서 중립적인 일로서 언급했다는 것이고, 다른 하나는 테일러Jeremy Taylor가 육식, 음주, 주일을 'adiaphorous matter'라고 적었다는 것이다.

31 "정치권력 (중략) 그것은 사형 및 그 이하의 모든 처벌을 가할 수 있는 법률을 제정하는 권리이며, (중략) 이 모든 것을 오직 공공선을 위해서만 행사하는 권리이다."(《통치론》, §3)

32 "주께서 말씀하신다. '무엇 하러 나에게 이 많은 제물을 바치느냐? 나는 이제 숫양의 번제물燔祭物과 살진 짐승의 기름기가 지겹고, 나는 이제 수송아지와 어린 양과 숫염소의 피도 싫다. 너희가 나의 앞

172

에 보이러 오지만, 누가 너희에게 그것을 요구하였느냐? 나의 뜰만 밟을 뿐이다! 다시는 헛된 제물을 가져오지 말아라. 다 쓸모없는 것들이다. 분향하는 것도 나에게는 역겹고, 초하루와 안식일과 대회로 모이는 것도 참을 수 없으며, 거룩한 집회를 열어놓고 못된 짓도 함께 하는 것을, 내가 더 이상 견딜 수 없다.'"(〈이사야서〉 1장 11~13절)

33 베르길리우스Vergilius의 《전원시Eclogae》 III, 1에 나오는 표현("cuium pecus? an Meliboei?")을 이용한 것이다. 멜리보이아는 그리스 신화에 나오는 인물의 이름이자 그리스 북부 테살리아에 있는 도시의 이름이다.

34 "ne quid detrimenti respublica capiat"는 키케로Cicero의 《카틸리나 탄핵In Catilinam》 I, 4와 《밀로를 위하여pro Milone》의 XXVI, 70, 그리고 카이사르Caesar의 《내전에 관하여De Bello Civili》의 제1권 5절과 7절에 나오는 표현이다. 로크의 문체는 원로원 최종 권고senatus consultum ultimum의 문장을 떠올리게 한다. 그것에 의해 비상시에 고대 로마에서는 무제한적인 권력이 집정관이나 다른 행정관들의 손에 맡겨졌다.

35 호라티우스Horatius의 《대화Sermones》 I권의 1, 69~70줄에 나오는 표현("mutato nomine de te fabula narratur")을 이용한 것이다.

36 모세법 속에서의 '도덕법'과 '사법적 법', '의례법'의 차이는 아퀴나스에 의해 공식화됐으며, 후커Richard Hooker를 포함한 후대의 작가들에 의해 채용됐다. 가톨릭과 프로테스탄트 작가들은 복음의 새로운 법이 모세법의 의례적 부분을 폐지했다는 데 동의했다. 그러나 모세법의 다른 부분을 그리스도인이 여전히 준수해야 하는지에 대해서는 이견이 존재했다. 로크가 '그러나 이 경우에는 유용하지 않은 그 세 가지tritam illam sed hac in re futilem'라고 적고 있는 것을 포

플의 번역은 '이 경우에는hac in re'을 무시함으로써 로크가 이 구분을 전적으로 거부하는 것처럼 만들고 있다. 실제로 로크는 모세법의 어떤 부분도 이스라엘 민족 외의 그 어느 누구에게 적용되지 않았다고 주장했다. 그러나 카트라이트Cartwright와 같은 청교도들은 독신瀆神이나 우상숭배, 간음과 같은 죄에 사형을 부과하는 모세의 사법적 법이 여전히 관철되어야 한다는 입장을 고수했고, 횟기프트Whitgift 대주교는 카트라이트의 시각이 받아들여질 경우에 생길 위험한 결과를 지적했다.

37 "모세가 온 이스라엘을 불러 모으고 그들에게 말하였다. '이스라엘아, 내가 오늘 너희에게 말하는 규례와 법도를 귀담아듣고, 그것을 익히고 지켜라.'"(〈신명기〉 5장 1절)

38 이스라엘인들에 의해 전멸된 일곱 종족에 관해서는 〈신명기〉 7장 1절과 〈민수기〉 33장 50절 이하를, 모압 사람들이 무사한 것에 관해서는 〈신명기〉 2장 9절을 참고하라.

39 〈신명기〉 2장 9~12절 참조.

40 여기에서 로크는 두 개의 서로 다른 에피소드를 연결하고 있다. 라합에 관해서는 〈여호수아서〉 2장 1~21절을, 기브온에 관해서는 〈여호수아서〉 9장 3~27절을 참고하라.

41 고대 교회의 성만찬에 대한 다양한 관점은 중세 시대에 이르러 로마 가톨릭교회에서 소위 '화체설transubstantiation'로 고정된다. 이것은 성만찬 예식에서 축성祝聖을 통해 '빵과 포도주'의 실체가 하나님의 능력에 의해 실제로 '그리스도의 몸과 피'의 실체substance로 변한다는 견해이다. 루터Martin Luther는 성만찬에서의 빵과 포도주에 그리스도의 몸과 피가 단지 상징적으로만 존재하는 것이 아니라, 실제로 존재한다고 주장했다. 이를 일반적으로 '공재설Consubstantiation'이라고 한다. 루터의 이와 같은 입장은 츠빙글리

Ulrich Zwingli에 의해 대변되는 소위 '상징설' 또는 '기념설'을 비판하는 것이었다. 그러나 츠빙글리의 눈에는 오히려 루터의 입장이 로마 가톨릭교회의 미신적 잔재를 완전히 청산하지 못한 것으로 보였다. 칼뱅은 기계적으로 그리스도를 성만찬의 요소인 '빵과 포도주'에 부착시키는 성만찬 이해를 거부하면서, 동시에 그리스도가 성만찬에 실제로 현존함을 부정하는 견해도 거부한다. 그는 신자들이 '빵과 포도주'를 먹고 마실 때 그리스도가 성령의 은혜와 능력으로 그들을 자기 자신에게 결합시킨다고 주장했다. 성만찬에 관한 교회사적 설명으로는 이성덕,《이야기 교회사》(살림, 2007), 139~158쪽을 참고하라.

42 '내면의 법정forum internum'과 '외면의 법정forum externum'은 도덕신학에서 사용되는 용어였다. '내면의 법정'은 양심을, 따라서 또한 신앙 고백과 고해의 체계를 의미했고, '외면의 법정'은 교회 법정을 통해 행사되던 공개적인 재판을 의미했다.

43 입법부의 최고성에 대해서는 또한《통치론》, §134를 참고하라. 로크는 언제나 입법권의 우위를 인정했다.

44 스피노자 역시《신학-정치론》에서 이와 비슷한 질문을 가상적으로 던지고 있다. "만약 최고권력이 종교에 반해, 그리고 계약을 통해 분명히 우리가 하나님에게 언약한 복종에 반해 무엇인가를 행하도록 명령한다면 어떻게 해야 하는가? 하나님의 명령에 복종해야 하는가, 아니면 인간의 명령에 복종해야 하는가?"(Benedictus de Spinoza, *Tractatus Theologico-Politicus*(Hamburg, 1670), 16장). 이 질문이 가리키는 종교적 불복종의 문제에 대한 스피노자의 입장에 관해서는 공진성, 〈스피노자, 관용, 그리고 종교적 불복종의 문제〉,《정치사상연구》, 제13집 2호(2007년 가을), 102~131쪽을 참고하라.

45 《통치론》, §21, 168, 241을 참고하라.

46 이는 타키투스Tacitus의 《아그리콜라*Agricola*》에 나오는 표현("atque ubi solitudinem faciunt, pacem appellant")을 이용한 것이다. 이 표현은 스피노자의 《정치론*Tractatus Politicus*》, 5장 4절에서도 이용된다.

47 '출교된 왕들은 왕국에 대한 권리를 상실한다'는 교리는 어쩌면 다른 어느 교리보다도 로크의 시대에 프로테스탄트 정부와 인민들이 로마 가톨릭교회에 대해 느낀 두려움과 불신의 원인이었을 것이다. 그것은 아퀴나스에 의해 분명하게 언급되었다. 그는 《신학대전》에서 신앙을 버린 왕은 그 즉시 면직되고 그의 신민들은 그에게 더는 복종할 의무를 가지지 않는다고 선언했다. 이 주장은 16세기에 벨라르민Robertus Bellarminus에 의해 반복되었고, 1570년에 여왕 엘리자베스 1세를 물러나게 하려고 비오Pius 5세에 의해 간행된 교서 《천상의 통치자*Regnans in Excelsis*》에 포함되었다.

48 여기에서 로크는 16세기 후반에 발표된 수정된 가톨릭 교리를 암시하고 있다. 그때는 영국에 파송된 예수회 선교사들이 대역죄로 처형되던 때였다. 1580년에 그레고리오Gregorius 13세는 캄피온Edmundus Campion과 파슨스Robert Parsons의 요청에 따라 1570년의 교서가 가톨릭교도들을 "이와 같은 상황에서rebus sic stantibus" 구속하지 않으며, 단지 "교서의 공적인 실행이 가능할 때에quando publica ejusdem bullae executio fieri possit" 구속한다고 선언했다. 그동안에 가톨릭교도는 잉글랜드 여왕의 충성스러운 신민으로서 행동해야 했는데, 그것은 잉글랜드 정부에게서 박해 대신에 신민 대접을 받아야 함을 의미했다.

49 무프티mufti는 개인이나 재판관들이 제기한 질문에 대해 공식적인 법적 견해fatwa를 밝히는 이슬람교의 법률 권위자이다. 공식적인 법적 견해, 즉 '파트와'는 보통 경전 해석이나 판례집 외에 《코란*Koran*》

과 하디스(예언자 무함마드의 생애와 말씀에 관한 이야기)에 대한 지식이 있어야 내릴 수 있으며, 문제가 된 법적 사건에 대한 최종 판결일 수도 있다. 오스만 제국 시대에는 이슬람의 원로인 이스탄불의 무프티가 이슬람교의 최고 법률 권위자가 되어 이론상으로는 모든 법률과 신학의 위계를 관할했다. 그러나 오늘날 대부분의 이슬람 국가에서 민법이 발달함에 따라 무프티의 역할은 유산, 결혼, 이혼 등의 사적 소송 사건들로 축소되었고, 이 영역들에서조차 어떤 경우에는 그 특권이 현대 입법에 의해 제한되고 있다.

50 "반란들의 불쏘시개이며 분파들의 회의 장소"라는 표현에서 로크는 어쩌면 제5왕국파나 퀘이커교도Quakers와 같은 종파들을 생각하고 있었을 것이다. 그들은 로크가 어렸을 때 소란을 일으켰던 종파들이다. 왕정복고 시기에 로크는 그들의 활동에 대한 일반적인 적대감을 공유하고 있었다. 시민 통치자에 관한 영어 논문의 서문에서 그는 1661년 1월 제5왕국파의 마지막 지도자인 베너Thomas Venner가 일으킨 봉기를 언급하고 있다. 또한 관용에 관한 에세이의 초고를 집필할 때인 1667년 퀘이커교도가 모자 벗기를 거부한 것은 그에게 의심의 근거가 되었다. 그러나 로크는 에세이의 최종판에서는 이 구절을 삭제했다.

51 로크가 여기에서 요청하는 것은 의견을 달리하는 종파들에 대한 관용이지, 개인의 양심의 자유가 아니다. 포플은 이 구절을 '양심의 자유가 모든 이의 자연권'이라고 번역함으로써 자기의 정치적 입장을 드러냈다. 그러나 로크가 호소하는 것은 사상의 자유가 아니라 어디까지나 교회들에 대한 관용이다.

52 로크는 양심의 자유를 절대적으로 옹호하지 않는다. 그것을 통제 가능하게 하는 장치가 소집단에 대한 관용이다. 소집단에 대한 관용은 개별 양심에 대한 관용에 비해 체계에 대한 투입을 단순화하

기 때문이다. 로크의 관용이 양심의 자유에 대한 것이 아니라, 어디까지나 예배의 자유에 대한 것이라는 주장에 관해서는 John Dunn, "The Claim to Freedom of Conscience: Freedom of Speech, Freedom of Thought, Freedom of Worship?", O. P. Grell·J. I. Israel·Nicholas Tyacke (eds.), *From Persecution to Toleration: The Glorious Revolution and Religion in England* (Oxford: Clarendon Press, 1991), 174쪽을 참고하라.

53 리비우스Livius의 《로마사*Liber*》, 제39권 15장의 표현("is fons mali huiusce fuit")과 테렌티우스Terentius의 희극 《환관*Eunuchus*》, 제1막 1장에 나오는 표현("nostri fundi calamitas")을 이용한 것이다.

54 로크가 네덜란드의 맥락에서 나열한 것들을 영역자 포플은 잉글랜드의 맥락에서 각각 장로교, 독립교회, 재세파, 아르미니우스파, 퀘이커로 옮겼다.

55 "밖에 있는 사람들을 심판하는 것이, 나에게 무슨 상관이 있습니까? 여러분이 심판할 사람들은 안에 있는 사람들이 아닙니까? 밖에 있는 사람들은 하나님께서 심판하실 것입니다. 여러분은 '그 악한 사람을 여러분 가운데서 내쫓으십시오.'"

56 오비디우스Ovidius의 《변신 이야기*Metamorphoses*》, 제1권, 758~759줄에 나오는 표현("Pudet haec opprobria nobis et dici potuisse et non potuisse refelli")을 이용한 것이다.

57 성 요한의 그리스도인Christians of Saint John은 주로 메소포타미아의 남부에 살았던 고대 칼데아의 종파이다. 그들은 자신들이 세례 요한에 따라 요단 강에서 세례를 받은 자들에 의해 보냄을 받았다고 주장해서 그렇게 불렸다. 그들의 행적은 맨발의 카르멜파Carmelite 수사 이그나티우스 예수Ignatius a Jesu의 *Narratio Originis, Rituum, et Errorum Christianorum Sancti Ioannis*(Rome, 1652)에 묘사되

어 있다. 늘 발견 이야기와 외국의 낯선 사람들에 대한 묘사에 유별난 관심을 가진 로크는 성 요한의 그리스도인들에 관한 것을 테브노Melchisedec Thevenot의 *Relations de divers voyages curieux*(Paris, 1663)에서 배웠을 것으로 추측된다. 이 책은 로크의 저작선집 제 12판(1824)에 수록된 "Catalogue and Character of most Books of Voyages and Travels", 519쪽에 언급되어 있다.

58   '신앙의 유비'라는 말은 〈로마서〉 12장 6절에서 바울이 사용한 표현인 "믿음의 정도에 맞게 $\kappa\alpha\tau\grave{\alpha}\ \tau\grave{\eta}\nu\ \dot{\alpha}\nu\alpha\lambda o\gamma\acute{\iota}\alpha\nu\ \tau\eta\sigma\ \pi\acute{\iota}\sigma\ \tau\epsilon\omega\varsigma$" 에서 나왔다. '믿음의 정도the proportion of faith'라는 말은 3절의 '믿음의 분량the measure of faith'이라는 말과 같은 뜻이다. 바울은 신에게서 각 사람이 저마다 다른 '은사'를 받았는데, 그 은사를 각자의 '믿음의 정도' 혹은 '믿음의 분량'에 맞게 사용해야 한다고 가르친다. 그러나 16세기와 17세기 신학자들은 이 말을 성서 속의 모호한 구절들을 그 뜻이 명확한 구절들과 일치하도록 해석해야 한다는 뜻으로 사용했다. 본문에서 "자기 신앙의 고백과 신앙의 조항들이 성서와 신앙의 유비에 상응한다"는 말은 바로 그런 뜻이다. 그러나 로크는 이것이 해석상의 차이를 해소하는 데 도움이 되지 않는다고 비판하고 있다. 만약 유비를 통해 모호한 구절들에 대한 단 하나의 해석이 가능하다면, 그에 관한 분쟁은 있지 않을 것이다. 로크는 어느 누구도 그 자신의 해석을 필수적인 신앙 조항이라고 앞세우며 다른 사람의 해석을 잘못되었다고 정죄할 권한을 가지고 있지 않다고 주장한다. 여기서 그는 종교 신앙에서의 근본적인 것들 fundamentals과 근본적이지 않은 것들non-fundamentals이라는 광교회 파Latitudinarian의 전형적인 구분을 채용한다. 이는 칠링워스William Chillingworth(1602~1644)의 가르침에서 중요한 부분을 이루었다 〔*The Religion of Protestants a Safe Way to Salvation*(1637)〕. 그에게 근

본적인 것들은 성서에 명시적으로 담겨 있는 것이며, 모든 교회에 공통적이고 구원을 위해 충분한 것이었다. 근본적이지 않은 것들은 해석에서 비롯되는 것이며, 서로 다른 교회와 종파 간 분리의 원인이었다. 근본적인 것과 근본적이지 않은 것 간의 이와 같은 구분은 아콘티우스Jacob Acontius(1492~1566)에 의해 로크 전의 세기에 이미 영국에 알려졌다. 그는 1565년 바젤에서 출간된 《사탄의 책략Stratagemata Satanae》에서 "성서가 분명하고도 명확하게 표현한 것 divinis literis clarissime apertissimeque expressa"만이 "필수적necessaria"이라고 주장했다. 그의 광교회파적 시각을 공유한 다른 사람들과 마찬가지로, 로크도 의심할 바 없이 신앙의 모든 필수 조항들이 성서의 분명한 구절이나 '드러난 말들'에서 발견되어야 한다고 여기는 것을 합리적으로 보았다. 그러나 모호한 구절의 어려움이나 모호성이 필연적으로 그것의 내용이 중요하지 않음을 의미한다는 증거는 없다.

59 호라티우스의 《시론Ars Poetica》, 71~72줄의 표현("usus, quem penes arbitrium et ius et norma loquendi")을 이용한 것이다.

60 하르나크Adolf von Harnack에 따르면 이단과 종파 분리의 이와 같은 구분은 이레나이우스Irenaeus(140~202)로 거슬러 올라간다. Adolf von Harnack, *Dogmengeschichte*(Tübingen: J. C. B. Mohr, 1991) 참조.

61 젠트리gentry는 영국에서 중세 후기에 생긴 중산적中産的 토지소유자층을 일컫는다. 젠틀맨 계층이라는 뜻으로서 향신鄕紳이라고 번역되기도 한다. 본래는 '가문이 좋은 사람들'이라는 뜻이며, 넓은 의미로는 귀족을 포함한 좋은 가문의 사람들을 지칭해 쓰이나, 보통은 신분적으로 귀족 아래이고, 요먼리yeomanry(독립자영농민)의 위계층으로서 가문의 문장紋章 사용이 허용된 사람들을 지칭한다. 또,

본래의 지주가 그 중심을 이루었으나, 도시인이나 그 밖의 사람으로서 토지를 매입해 지주가 된 사람도 포함하였다. 중세 말기와 근세에 걸쳐 귀족이나 요먼리의 세력이 쇠퇴한 데 반해 이 계층만은 지방의 유력자로서 순탄하게 신장伸張되어 절대주의 시대에 이르러서는 치안판사 및 그 밖의 사회적 지위를 맡아 활약하여 사회의 실권을 장악하였다. 그러나 시간이 흐름에 따라 협의狹義의 계층적인 개념은 엷어지고 젠틀맨은 교양 있고 예의 바른 남성을 지칭하게 되었다.

62 로크 전문가인 영국의 정치학자 던John Dunn 교수는 로크가 가족에게서 공간적으로나 사회적으로 점점 멀어져갔지만, 부모의 양육을 통해 습득한 것으로 추측되는 그의 청교도적 정서 유형이 죽는 날까지 그에게 남아 있었다고 판단한다. "그에게 불후의 명성을 가져다준 대부분의 철학적 견해들 중에서 청교도적인 것은 결코 없었으며, 그 견해들의 상당 부분은 1632년에 살고 있던 청교도들이라면 누구에게나 충격적이었을 것이다. 그러나 그의 사유 전체에 그 고결함과 인간적 깊이를 부여한 개인적 정체감은 철저히 청교도적인 자아의 그것이었다."〔존 던, 〈로크의 사상〉, 어네스트 바커 외,《로크의 이해》, 강정인·문지영 옮김(문학과지성사, 1995), 71쪽〕

63 영국 내전에 대한 홉스Thomas Hobbes의 생각은 《비히모스Behemoth》에, 클래런던Earl of Clarendon의 생각은 《반란과 내전의 잉글랜드 역사History of the Revellion and Civil Wars in England》에, 해링턴James Harrington의 생각은 《오세아나 공화국Commonwealth of Oceana》에 각각 개진되어 있다. 이에 대해 더 자세히는 Herfried Münkler, "Thomas Hobbes' Analytik des Bürgerkriegs", Thomas Hobbes, *Behemoth oder Das Lange Parlament*(Frankfurt a. M.: Fischer, 1991)를 참고하라.

64 이는 종교적 관용에 대한 로크의 초기 입장이 결코 자유주의적이지 않으며, 오히려 "명백히 홉스적"이라는 주장의 근거가 된다. 로크의 전기를 쓴 크랜스턴Maurice Cranston은 이전의 전기 작가들이 만들어낸 초기 로크에 대한 자유주의적 이미지를 뒤집으며 "1661년의 로크는 반동주의자였다"라고까지 말한다(Maurice Cranston, "The Politics of John Locke", *Histrory Today* 2(1952년 9월), 620쪽). 종교적 관용에 대한 로크의 입장 변화를 둘러싼 논쟁에 관해서는 최유신, 〈존 로크의 종교적 관용론: 보수주의적 관용에서 자유주의적 관용에로〉, 《대동철학》, 제8집(2000년 6월)을 참고하라.

65 J. R. Milton, "Locke's life and times", Vere Chappell ed., *The Cambridge Companion to Locke*(Cambridge: Cambridge Univ. Press, 1994), 8쪽을 보라.

66 노르만왕조 이후부터 영국에는 국왕의 정치 자문기관인 귀족 집단이 있었는데, 전원이 소집되는 경우는 극히 중요한 국사에 한하고, 일상적인 문제는 소수 측근 귀족과의 상의만으로 처리되었다. 그러다가 13세기 후반부터 귀족 전원의 집회는 의회로 발전하고, 국왕측근의 소수 귀족 집단인 자문기구는 1536년 토머스 크롬웰에 의해 추밀원Privy Council으로 개칭되었다. 출범 당시의 인원은 19명으로 구성되었고, 집행기구로서 1540년 이후에는 정책의 입안 처리, 법원 감독, 회계청 재정 관리, 지방행정 조정 등 광범위한 영향력을 행사하였다. 국왕의 영장보다 국가 문서를 통해 국사를 진행시키는 한편, 국왕의 동반자로서 헨리 8세의 수도원 해산에도 직접 참여하였고, 1603~1640년에는 규모가 3배로 늘어나기도 하였다. 또 외교문제·통상·식민지 등 다양한 업무를 처리하기 위해 산하에 여러 소위원회를 두기도 하였지만, 갈수록 능률은 떨어졌다. 17세기에 이르러서는 두 번의 혁명과 정당·내각제도의 발달로 인해 국왕의

정치적 실권이 약해짐에 따라 추밀원의 권력도 약해지고 권한도 형식적으로 변해갔다. 오늘날에도 여전히 남아 있기는 하지만, 업무는 해외 영토에서 생기는 상소재판 및 기타 몇몇 사항에 한정된다.

67 이에 대해서는 Ernestine van der Wal, "The Tractatus Theologico-Politicus and the Dutch Calvinism, 1670~1700", *Studia Spinozana*, 11집(1995), 201~226쪽을 참고하라.

68 Raymond Klibansky, "Preface", xvi쪽 참조.

69 이《편지》는 로크가 1667년에 잉글랜드에서 쓴《관용에 관한 에세이*Essay concerning Toleration*》와 문헌적 연관성이 없다. 그 글의 모든 사본을 로크가 영국에 두고 떠나왔기 때문이다.

70 성서의 구절을 파편적으로 해석하는 관행은 오늘날에도 비일비재하지만, 16세기에 영국 국교회의 성립 과정에서도 결정적인 역할을 했다. 국교회를 세운 헨리 8세는 아들을 가지지 못한 원인을 형제의 미망인과의 결혼을 금하고 그러한 결혼에 후사가 없을 것이라는 〈레위기〉의 구절에서 찾고서 왕비 캐서린과의 이혼을 추진했다.

71 올리버 크롬웰이 1653년 7월 4일에 행한 연설이다. Thomas Carlyle (ed.), *Oliver Cromwell's Letters and Speeches*(London: John Lane, 1893), 354 〔마이클 왈쩌,《정의와 다원적 평등》, 정원섭 외 옮김(철학과현실사, 1999), 380쪽에서 재인용〕.

72 홉스의 국가론에 대해서는 김용환,《홉스의 사회·정치철학》(철학과현실사, 1999)을 참고하라.

73 《통치론》, §95~99 참조.

74 이 점에서 로크의 관용론이 그의 정치철학의 이론적 구조에서 나온 것이라는 고프J. W. Gough의 해석은 옳다. 존 고프, 〈로크의 정치사상〉, 어네스트 바커 외,《로크의 이해》, 226~231쪽을 참고하라.

75 홉스의 관용론에 대해서는 다음을 참고하라. Alan Ryan, "A

more tolerant Hobbes", Susan Mendus ed., *Justifying Toleration* (Cambridge: Cambridge Univ. Press, 1988); David Miller·Larry Seidentop eds., "Hobbes, toleration and the inner life", *The Nature of Political Theory*(Oxford: Clarendon Press, 1983); Richard Tuck, "Hobbes and Locke on Toleration", M. G. Dietz ed., *Thomas Hobbes and Political Theory*(Kansas: Univ. Press of Kansas, 1990); Edwin Curley, "Hobbes and the Cause of Religious Toleration", Patricia Springborg ed., *The Cambridge Companion to Hobbes' Leviathan*(Cambridge: Cambridge Univ. Press, 2007).

76 루터의 '두 왕국론Zweireiche-Lehre'에 관해서는 김주한, 〈마르틴 루터의 인간 이해: 그의 두 왕국론에서 그리스도인들의 실존방식〉,《한국기독교신학논총》, 19집(2000), 159~195쪽을, 칼뱅의 그리스도교 국가론에 대해서는 박의경, 〈칼빈의 그리스도정치(Christocracy)와 기독교 국가〉,《정치사상연구》, 7집(2002년 가을), 109~134쪽을 참고하라.

77 로크의 정치사상에서 신뢰/신탁trust이 가지는 중요성에 대해서는 존 던, 〈로크의 사상〉, 83~84쪽을 참고하라.

78 교회가 사용하는 치리의 수단이 그 목적에 부합해야 한다는 것은 불관용을 옹호한 아우구스티누스에 의해서도 마찬가지로 주장되었다. 오히려 그는 동일한 논거에서, 곧 영혼의 구원이라는 목적 아래에서 폭력의 사용이나 물리적 강제를 정당화한 것이다. 그리고 물리적 강제가 유용하지 않다는 로크의 주장과 달리, 아우구스티누스는 물리적 강제가 이단자에게 잘못된 판단에서 벗어날 기회를 제공할 뿐만 아니라, 그를 회심케 하는 데에 실패하더라도 그의 잘못된 생각이 다른 사람에게 영향을 끼치는 것을 막을 수 있으므로 충분히 유용하다고 주장했다. 이것이 영혼에 대한 강제의 불가능성에

근거해 강제의 무용함마저 주장한 로크에 대한 프로스트Jonas Proast
의 비판의 핵심이었다. Rainer Forst, "Die Ambivalenz christlicher
Toleranz", 70쪽 참조.

79 Rainer Forst, "Die Ambivalenz christlicher Toleranz", 74~75쪽 참
조. 포르스트는 로크 역시 그리스도교적 '양심의 자유' 개념이 안고
있는 문제에 빠져 있다고 해석한다.

80 루터의 종교개혁이 성공할 수 있었던 데에는 세속 권력의 도움이
필수적이었지만, 루터 자신은 종교의 초대교회적 순수성을 지키기
위해 교회가 국가와 철저히 구분되어야 한다고 생각했다. 이에 관
해서는 셸던 월린, 《정치와 비전 제1권》, 강정인·공진성·이지윤 옮
김(후마니타스, 2007), 5장을 참고하라.

81 스피노자는 그와 같은 정치적-종교적 이데올로기를 해체하기 위해
먼저 자연 상태가 결코 종교 상태가 아니며, 종교 상태는 어디까지
나 국가 상태에서 가능한 것임을 밝히고, 다음으로 유대 왕국과 모
세법을 철저히 특수한 것으로 해석한다. 이에 관해서는 Benedictus
de Spinoza, *Tractatus Theologico-Politicus*(Hamburg, 1670)의 특히
4장과 12장을 참고하라. 스미스S. B. Smith는 스피노자가 그리스도
교와 유대교를 대비시키고 유대교를 특수한 것으로 만든 것에서 스
피노자의 "반유대주의" 혹은 "자신의 출교 조처에 대해 복수하고자
하는 스피노자의 욕구"를 볼 수 있다고 주장한다. 이에 관해서는 S.
B. Smith, *Spinoza, Liberalism, and the Question of Jewish Identity*(New
Haven: Yale Univ. Press, 1997), 109쪽 참조.

82 《통치론》, §168 참조.

83 로크는 약속, 신약, 맹세가 인간사회를 묶어주는 끈이라고 생각한
다. 그래서 이러한 것들이 아무 소용 없게 되는 무신론자에게 관용
을 허락할 수 없다고 주장한다. 신이 사라지면, 비록 생각 속일지라

도, 모든 것이 해체된다는 것이다. 로크의 사회계약론의 특징이자 한계는 바로 그가 계약의 체결과 유지를 위한 신뢰의 공통적 기반을 종교에서 찾았다는 것이다. 이 점은 신뢰의 공통적 기반을 종교가 아닌 공화국에 대한 사랑 그 자체에서 찾은 스피노자의 생각과 비교된다. 이에 관해서는 공진성, 〈17세기 유럽 관용론의 두 유형: 스피노자와 로크〉, 《영국 연구》, 제17호(2007), 83~107쪽 참조.

84 독일어본의 옮긴이 에빙하우스Julius Ebbinghaus는 로크의 관용론이 무신론자를 배제한 것을 두고서 그를 관용의 위대한 개척자라고 칭송하는 것보다 철학과 철학사에 더 큰 폐를 끼치는 것은 없다고 까지 말한다. Julius Ebbinghaus, "Einleitung", John Locke, *Ein Brief über Toleranz*(Hamburg: Meiner, 1996), lxiii~lxiv쪽 참조.

85 "Congress shall make no law respecting an establishment of religion, or prohibiting the free exercise there of"(Amendment I to the U.S. Constitution). 이 수정조항 제1조는 1789년 9월 25일 발의되어 1791년 12월 15일에 비준되었다.

더 읽어야 할 자료들

존 로크, 《통치론》, 강정인·문지영 옮김(까치, 1996)

통치의 본질에 관한 로크의 주장을 담고 있는 두 편의 논문Two Treatises of Government 가운데 두 번째 논문Second Treatise을 번역한 것이다. 왕의 통치권을 신이 아담에게 주고 그의 자손들에 의해 상속된 일종의 부권으로 해석하는 필머Robert Filmer에 대한 비판으로 시작하는 이 두 번째 논문에서 로크는 통치자에 대한 신민의 '정치적' 복종을 다른 두 가지 복종인 부모에 대한 자식의 '자연적' 복종, 신에 대한 신자의 '종교적' 복종과 구별함으로써 통치의 본질이 무엇인지를 밝히고 정치의 자율성과 정치 공동체의 자유를 확보하고자 한다. 로크의 정치이론과 관련하여 지금까지 파편적으로 관심의 대상이 되어온 재산권이나 인민의 저항권에 관한 논의도 이러한 큰 틀 속에서 해석되어야 한다.

어네스트 바커 외, 《로크의 이해》, 강정인·문지영 옮김(문학과지성사, 1995)

영어권의 중요한 로크 연구자 네 사람의 글을 모아 번역한 책이다. 바커Earnest Barker의 글은 로크의 계약론적 정치이론을 근대의 사회계약론이라는 커다란 이론적 흐름 속에서 이해할 수 있도록 해주며, 던John Dunn의 글은 로크의 사상 체계 전반은 물론 그의 생애와 저작들에 대한 신뢰할 만한 정보를 제공해준다. 고프J. W. Gough의 글은 자신이 편집한《통치론》과《관용에 관한 편지》에 붙인 서문답게 두 글에 대한 개괄적인 설명과 함께 유익한 배경 지식을 포함하고 있다. 마지막으로 실린 페이트먼Carole Pateman의 글은 로크의 자유주의를 '정치적인 것'에 관한 현대의 논쟁과 연관 지어 논의하고 있다. 모두 로크 연구를 위해 필수적으로 읽어야 할 글이다.

박지향, 《영국사—보수와 개혁의 드라마》(까치, 2007)

잉글랜드를 포함한 영국의 역사를 시대별·주제별로 나누어 서술하고 있는 책이다. 로크의 논의를 이해하기 위해서는 16세기와 17세기의 유럽 역사를 이해해야 하지만, 무엇보다도 종교개혁 이후의 잉글랜드 역사를 이해해야 한다. 이 책은 왕조별로 이 시기의 역사가 어떻게 진행되었는지를 잘 설명해주고 있다.

문지영, 《홉스 & 로크—국가를 계약하라》(김영사, 2007)

국가에 대해 이념형적으로 대비되는 시각을 대표하는 두 사람, 홉스와 로크에 관한 참신한 형식의 개설서이다. 단지 시대적 배경과 두 사람의 사상만을 소개하고 있는 것이 아니라, 그들의 사상이 현대의 정치적 사조에 끼친 영향까지도 비교적 소상히 다루고 있다. 친절한 용어 설명과 시각적인 자료들은 전문적이지만 형식적으로 건조한 다른 개설서들에 비해 이 책이 가지는 또 다른 장점이다.

마이클 왈쩌, 《관용에 대하여》, 송재우 옮김(미토, 2004)

관용을 개인의 윤리적 태도가 아닌, 공존을 위한 일종의 조정으로 이해하는 왈쩌Michael Walzer는 역사적 사례들 속에서 그것의 정치적 실현 가능성을 모색한다. 추상적이고 보편적인 원리의 발견과 비판에 익숙한 사람에게는 오히려 낯설게 보일 수 있는 왈쩌의 접근 방식은 관용에 관한 논의들을 분석적으로 정리하고 비판하는 대신에 구체적인 역사 속에서 나름대로 성공적이었던 관용의 제도들을 묘사하고 오늘날 관용이 요구되는 미국 사회의 여러 문제 영역을 관찰하는 것이다. 이 책은 다문화 사회에서의 차이와 관용을 둘러싼 현대적 논의를 이해하는 데에도 유익한 시각을 제공한다.

공진성 einfachjin@hanmail.net

1973년 광주에서 보수적인 장로교 교단 목사의 아들로 태어났다. 학교나 교회에서 그리 모범생은 아니었지만, 각각의 세계가 요구하는 것을 근본적으로 의심하지는 않았다. 교회라는 좁은 세상을 벗어나게 된 것은 대학에 들어가고 나서부터였다. 그리스도인의 사회참여 문제를 고민하면서 정치적 문제에 대한 종교적 대답을 찾아 나선 것이 지금까지의 공부의 발단이 되었다.

1992년부터 서강대에서 정치학, 사회학, 철학을 공부하여 학사 학위와 석사 학위를 받았다. 학부 졸업 논문으로 북한 사회주의의 평등 현실을 내재적 접근법을 사용하여 분석한 글을 썼고, 석사 학위 논문으로 진리의 형이상학에서 존재론적 해석학으로 전환하는 현대 철학의 흐름과 함께 현대의 정치철학 역시 해석학적 전환을 이루고 있음을 주장하는 논문을 썼다. 서양의 정치사상을 본격적으로 공부해보겠다는 포부를 가지고서 1999년에는 독일 베를린의 훔볼트 대학교로 유학을 떠났다. 종교와 정치, 보편성과 특수성, 복종과 불복종, 진리의 초월성과 내재성에 관한 그동안의 분산되어 있던 관심은 스피노자를 만나면서 한데 모아졌다. 스피노자를 읽기 위해 라틴어를 배웠고, 그렇게 해서 생긴 고전어에 대한 관심으로 고대 그리스어도 배웠다. 스피노자의 정치사상을 불복종의 문제를 중심으로 분석한 논문으로 2006년에 박사 학위를 받았다.

스피노자, 로크, 루소의 정치사상에 관한 논문들을 발표했고, 셸던 월린의 《정치와 비전》, 헤어프리트 뮌클러의 《새로운 전쟁》과 《제국》, 스피노자의 《정치론》을 한국어로 옮겼으며, 책세상 '비타 악티바' 시리즈 중 《폭력》과 《테러》를 썼다. 앞으로도 계속 종교개혁 이후의 서양 근대 정치사상을 연구하고 번역할 계획이다. 최근에는 정치적 질서의 형태 변화와 함께 나타나는 군사적인 것의 의미 변화, 폭력 사용 양태의 변화에 관심을 가지고 연구를 진행하고 있다.

2010년 9월부터 조선대학교 정치외교학과에서 교수로 일하고 있다.

관용에 관한 편지

초판 1쇄 발행 2008년 4월 5일
개정 1판 1쇄 발행 2021년 2월 18일

지은이 존 로크
옮긴이 공진성

펴낸이 김현태
펴낸곳 책세상
등록 1975. 5. 21. 제1-517호
주소 서울시 마포구 잔다리로 62-1, 3층(04031)
전화 02-704-1250(영업) 02-3273-1334(편집)
팩스 02-719-1258
이메일 editor@chaeksesang.com
광고·제휴 문의 creator@chaeksesang.com
홈페이지 chaeksesang.com
페이스북 /chaeksesang   트위터 @chaeksesang
인스타그램 @chaeksesang   네이버포스트 bkworldpub

ISBN 979-11-5931-592-3 04080
      979-11-5931-221-2 (세트)

책세상문고 · 고전의 세계

책세상문고 · 고전의 세계